お客さまをファイナンシャルゴールに導く

新NISA

提案&資産運用
サポートガイド

経済法令研究会 編

JN123116

経済法令研究会

はじめに

　2022年11月28日に政府が打ち出した「資産所得倍増プラン」を受けて、2023年度税制改正大綱によりNISA制度は大幅に見直しされています。従来のNISA制度（一般NISA・つみたてNISA・ジュニアNISA）は2023年をもって終了し、2024年から拡充・恒久化された新制度が開始されることになりました。

　比較的複雑だった従前のNISA制度に比べ、新しい制度はシンプルな設計になっており、利用者からするとわかりやすいものになっています。非課税投資枠が大幅に拡充され、非課税保有期間も恒久化されたことから、資産形成・資産運用上の利便性も高まっています。

　こうしたことから、NISA利用者の7割を占めていた中間層だけでなく、高所得・富裕層にも魅力的に映る制度となり、関心が高まっています。しかし、シンプルな制度設計になったとはいえ、「長期の資産形成でどう利用すればいいか」「効果的に活用するにはどう投資枠を振り分ければいいか」「売却や再投資のタイミングはどうしたらいいか」といった声は多く、「そもそも自分に合った投資はどのような形か」という悩みを持つお客さまも少なくありません。

　このようなお客さまに対し、金融機関の担当者としては適切なアドバイスを行うことが求められます。従前からNISAを利用されているお客さまと同じように、新規のお客さまに対しても十分にニーズを聞き取り、適切な提案を行うことが求められます。

　安易にインデックス・ファンドをすすめるのではなく、お客さま情報のプロファイリングをしてポートフォリオを作成し、最適な商品を提案する――。これは、担当者として当たり前に持っておきたい姿勢です。丁寧にお客さまの状況やライフプラン等を把握し、状況の変化に合わせて資産形成・資産運用のサポートを継続していく必要があります。

　さらに、資産所得倍増プランでは、「金融経済教育の充実」や「顧客本位の業務運営の確保」といったことが謳われています。こうした方向

性を受けて、高い公共性を持つ金融機関としてはしっかりと態勢整備を行い、各担当者も十分な知識を持って、お客さまに対応することが求められるでしょう。

　本書は、従来のNISA制度を踏まえたうえで、改正のポイントや利用のメリット、手続きといった基本的な知識を解説しています。合わせて、お客さまにどのようにアプローチし、相談対応やポートフォリオ作成、アドバイス・提案を行えばよいか、実践的なノウハウ・テクニックを盛り込んでいます。本書を参考に、お客さまの資産形成・資産運用のコンサルティングに臨んでみてください。担当者の皆様や皆様のコンサルティングを待つ多くのお客さまの満足度アップにつながることを願ってやみません。

　なお、本書は2023年10月現在施行されている法令等に基づいて解説しています。

2023年10月
経済法令研究会

contents | お客さまをファイナンシャルゴールに導く 新NISA提案&資産運用サポートガイド

第 1 章　新NISAで変わる! お客さまニーズと営業推進方法

≫ 1 〈図解〉旧NISAと新NISAの制度概要

≫ 2 利便性がよくなった新NISAと活用への期待

≫ 3 金融機関に求められるお客さま対応と目指すべき営業推進

第2章　新NISAを活用した資産運用をサポートする！

≫1 お客さまの運用の目的・考えを明確化し 新NISA活用のアドバイスをしよう

≫2 NISA経験別＝新NISA制度と利用メリットの上手な伝え方

〈2023年内の場合〉

〈2024年以降の場合〉

≫3 お客さまからよくある新NISAに関する質問へのトーク展開例

第3章 新NISAの最適提案とフォローで取引を長期化する!

本書をお読みいただくにあたって

本書では、2023年までのNISAと2024年からのNISAを区別するため、2023年までのNISAを「旧NISA」、2024年からのNISAを「新NISA」と表記しています。

◆ 第 1 章 ◆

新NISA で変わる!
お客さまニーズと
営業推進方法

旧NISAと新NISAの制度概要

①旧NISAの概要

　旧NISAは、「NISA口座（非課税口座）」内で、毎年一定金額の範囲内で購入した金融商品から得られる利益が非課税になる制度です。

　通常、株式や投資信託などの金融商品に投資した場合、売却して得られた利益には約20％の税金がかかりますが、NISA口座をとおして得られた利益には税金がかかりません。

　旧NISAには、一般NISA・つみたてNISA、未成年が利用できるジュニアNISAの３種類があります。それぞれの制度について、次の図表をご覧ください。

●旧NISA（2023年までのNISA）制度

	一般NISA	つみたてNISA	ジュニアNISA
対象年齢	18歳以上	18歳以上	18歳未満
年間投資上限額	120万円	40万円	80万円
非課税期間	5年	20年	5年
口座開設期間	～2023年末	～2023年末	～2023年末
投資対象商品	上場株式・ETF・公募株式投資信託・REIT等	長期・積立・分散投資に適した一定の投資信託	一般NISAと同じ

●非課税期間とロールオーバーのイメージ

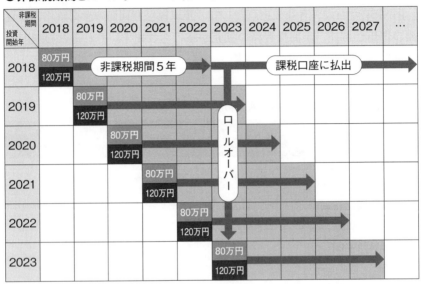

投資開始年＼非課税期間	2018	2019	2020	2021	2022	2023	2024	2025	2026	2027	…
2018	80万円／120万円	非課税期間5年 →				ロールオーバー	課税口座に払出 →				
2019		80万円／120万円									
2020			80万円／120万円								
2021				80万円／120万円							
2022					80万円／120万円						
2023						80万円／120万円					

　ロールオーバーとは、非課税期間（5年）が終了した際に、一般NISAやジュニアNISAで保有している金融商品を翌年の年間投資枠に移行（移管）することです。

●年間非課税投資枠の再利用不可イメージ

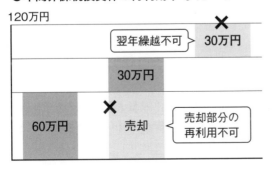

120万円

翌年繰越不可　30万円

30万円

60万円　売却　売却部分の再利用不可

　年間非課税投資枠の一部を売却すると、その分の枠は再利用できません。また、1年の非課税投資枠の未使用分を、翌年以降に繰り越すことはできません。

②新NISAの概要

新NISAは、旧NISAと同様に一定金額の範囲内で購入した金融商品から得られる利益が非課税になる制度です。

旧NISAからの大きな変更点として、非課税保有期間の無期限化、投資枠の併用が可能、年間投資枠の拡充が挙げられます。それぞれの制度の詳細については、次の図表をご覧ください。

●新NISA（2024年からのNISA）制度

	つみたて投資枠　併用化	成長投資枠
対象年齢	18歳以上	18歳以上
年間投資上限額	120万円	240万円
非課税期間	無期限	無期限
非課税保有限度額	1,800万円	
		1,200万円（内数）
口座開設期間	恒久化	恒久化
投資対象商品	つみたてNISAと同様	上場株式・投資信託等※

※高レバレッジ型投信等除く

ジュニアNISAは廃止になりますが、投資済みのものは5年間あるいは18歳になるまでは非課税期間が継続されます。

2024年以降は、保有している株式・投資信託等および金銭の全額について、年齢にかかわらず非課税での払出しが可能です。その際、ジュニアNISA口座は廃止されることになります。

●新NISAの運用イメージ

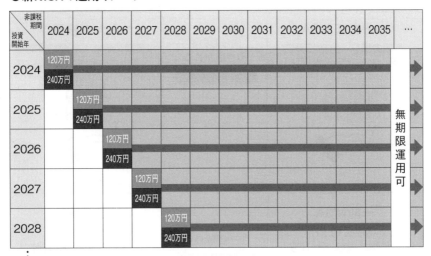

投資開始年 / 非課税期間	2024	2025	2026	2027	2028	2029	2030	2031	2032	2033	2034	2035	…
2024	120万円 / 240万円												無期限運用可
2025		120万円 / 240万円											
2026			120万円 / 240万円										
2027				120万円 / 240万円									
2028					120万円 / 240万円								

制度恒久化

●非課税投資枠の再利用可イメージ

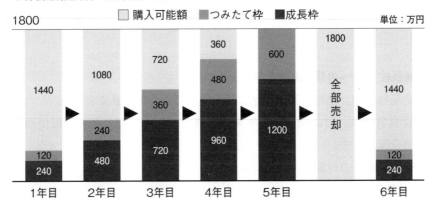

新NISAでは、非課税投資枠を再利用できます。ただし、売却した分の投資枠が復活するのは翌年となるため、売却した年に再利用することはできません。

③新旧NISAでの投資対象商品の比較

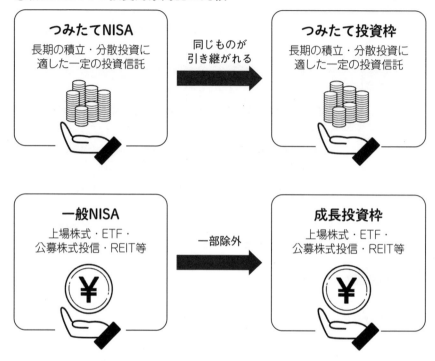

つみたてNISA
長期の積立・分散投資に適した一定の投資信託

→ 同じものが引き継がれる →

つみたて投資枠
長期の積立・分散投資に適した一定の投資信託

一般NISA
上場株式・ETF・公募株式投信・REIT等

→ 一部除外 →

成長投資枠
上場株式・ETF・公募株式投信・REIT等

〈成長投資枠への規制について〉

・上場株式は、整理・管理銘柄に指定されたものを除きます。

・投資信託は、信託期間が20年未満や高レバレッジ型・毎月分配型商品等を除きます。

〈成長投資枠の対象商品の開示〉

　対象商品リストは、一般社団法人投資信託協会のWebサイト（https://www.toushin.or.jp/static/NISA_growth_productsList/）にて、公表されています。最新情報はこちらのサイトをご参照ください。

④新NISA口座開設のイメージ

	2023	2024
現在自行庫で NISA口座を 開設済み	旧NISA	自動開設 新NISA
これから 自行庫でNISA口座 を開設する	口座開設 旧NISA	自動開設 新NISA
(〜2023年9月) 他行庫で旧NISA 枠未利用のため 口座を開設し 自行庫で旧NISA 口座を開設する	旧NISA 金融機関変更 / 閉鎖 / 口座開設 旧NISA	自動開設 新NISA
(2023年10月〜) 他行庫で 利用している 旧NISA口座を 閉鎖し自行庫で 新NISA口座を 開設する	旧NISA 金融機関変更	閉鎖 / 口座開設 新NISA

⑤取引金融機関変更手続きのイメージ

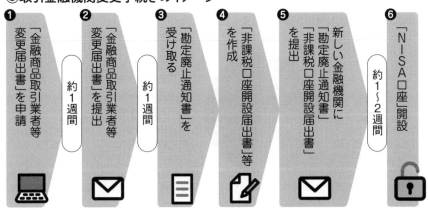

❶「金融商品取引業者等変更届出書」を申請

約1週間

❷「金融商品取引業者等変更届出書」を提出

約1週間

❸「勘定廃止通知書」を受け取る

❹「非課税口座開設届出書」等を作成

❺新しい金融機関に「勘定廃止通知書」「非課税口座開設届出書」を提出

約1〜2週間

❻「NISA口座」開設

1. 利便性が大幅にアップし、対象顧客はすべてのお客さまに拡大

(1) シンプルでわかりやすい制度設計

旧NISAは、利用できる期間や非課税保有期間に制限があり、非課税投資枠も比較的少額でした。また、制度そのものがわかりにくかったため、金融機関に勧められて口座は作ったもののよく理解できず、実際には利用しない（＝投資しない）という人も多数いました。

これに対し、新NISA制度はシンプルでわかりやすく非課税投資枠も大幅に拡充されたため、資産運用の利便性が格段に向上しました。

(2) 中間層から高所得層・富裕層までカバー

旧NISAは、非課税投資枠が小さかったこともあり、利用者の約7割は年収500万円未満、ほぼ半数が1世帯あたりの保有金融資産が1,000万円未満の中間層で占められていました。

●旧NISAの個人所得別利用状況

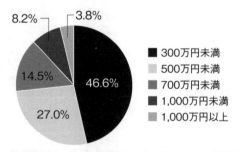

（出所）内閣官房 新しい資本主義実現本部事務局「資産所得倍増に関する基礎資料集（資料3）」（令和4年10月）9頁より作成。

活用への期待

　高所得層・富裕層からすれば、非課税投資枠が小さすぎて、「面倒な口座開設の手続きなどしたくない」「NISAを利用しなくても大した影響はない」など、NISAそのものにさほど関心がない人たちも少なくありませんでした。

　しかし、新NISAでは年間360万円、トータルで1,800万円までの投資が非課税で行えます。夫婦2人だと倍額の年間720万円、最大3,600万円までの非課税投資が可能となったため、これまでNISAにそれほど魅力を感じていなかった人たちも関心を持つ可能性は高いです。このようなお客さまにいち早くアプローチし、自行庫でNISA口座を開設していただければ、顧客基盤をより充実させることができます。また、NISA口座だけではなく、課税口座での投資にも期待が持てるかもしれません。

2. 利便性向上のポイント

⑴　いつでも利用可能な恒久制度への変更

　もともと旧NISAは期間限定の制度としてスタートしましたが、新NISAは、口座開設期間（新規で投資できる期間）の制限を撤廃し、いつでも利用可能な制度に変更されました。これにより、制度の終了期限を意識する必要がなくなり、長期的な資産形成が可能となっています。

⑵　長期の資産形成を可能とする非課税保有期間の無期限化

　新NISAは、一般NISAの5年間、つみたてNISAの20年間という非課税保有期間の制限を撤廃し、無期限としました。これにより非課税期間内に利益を確定させたいと考える必要がなくなり、長期で保有を継続する

インセンティブが強化されました。

　また、一般NISAでは、5年間の非課税期間内に売却しなかったものは、翌年の非課税枠に繰り越して（ロールオーバー）NISA内で運用を続けるか、課税口座に移管するかを考えなければなりませんでした。しかし、新NISAでは、こうした手間を考慮する必要がなくなっています。

(3)　投資手法の多様化につながる非課税枠の併用

　旧NISAでは、一般NISAとつみたてNISAを同一年に併用することはできず、どちらか1つしか利用できませんでした。つまり、どちらの制度を利用すべきか考える必要がありましたが、新NISAでは、成長投資枠とつみたて投資枠の併用ができるため、こうした検討は不要となり、多様な投資がNISA内でできるようになりました。

(4)　大幅に拡充された非課税投資枠

　新NISAの成長投資枠では年間240万円、つみたて投資枠では年間120万円まで投資できます。両者を併用した場合、最大で年間360万円までの投資が可能です。ただし、高所得者層に対する際限のない優遇とならないように、生涯投資枠（非課税保有限度額）は最大1,800万円、そのうち成長投資枠は最大1,200万円までと制限が設けられています。なお、成長投資枠は利用せずに、つみたて投資枠だけで最大1,800万円までの投資も可能です。

　仮に年間360万円まで利用した場合、5年間で1,800万円まで非課税で投資できるため、退職金などまとまった資金の運用にも最適です。また、年収の変動が大きい人にとっては、資金に余裕があるときに集中的に投資するといった使い方もできるようになっています。

⑸　資産形成中の取崩しにも対応できる非課税投資枠の再利用

　新NISAの非課税投資枠は簿価残高方式で管理されています。保有商品を売却した場合、売却して減少した簿価残高分のみ、翌年から非課税投資枠の再利用が可能です。例えば、簿価（＝取得価額＝投資元本）が200万円の商品を300万円で売却した場合、翌年200万円の非課税投資枠が復活するといった仕組みです。

●非課税投資枠の再利用の流れ

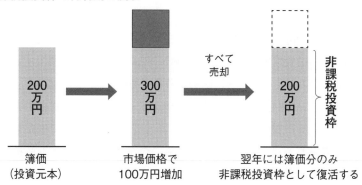

　成長投資枠の商品を売却した場合、その空いた非課税投資枠は、成長投資枠、つみたて投資枠どちらでも利用できます。つみたて投資枠の商品を売却した場合も、その空いた非課税投資枠の扱いは、成長投資枠と同様です。

　これにより、住宅資金や教育資金、耐久消費財の購入など、必要に応じて運用資産を取り崩すとともに、投資も引き続き継続できるようになっています。

3. 新NISAはお客さまメイン化の強力なツール

　銀行口座は、給与や年金などの受取口座（収入口座）、公共料金やクレジット代金、住宅ローンなどの支払口座（決済口座）として家計管理をメインに支えています。また、確実に増やしたい、リスクを取りたくない資金の受け皿として、定期預金等の貯蓄口座の機能も果たしています。

　ここに、新NISAをコアとする「資産運用口座」が加わることになります。この口座開設をきっかけに、適切な新NISA情報やアドバイスをお客さまに提供できれば、メインバンクとしてご利用いただける可能性が高まるのではないでしょうか。

　新NISAでの非課税投資枠が大幅に拡充されたこともあり、お客さまが投資信託等へ投資する場合、まずは新NISAの非課税枠を利用することから始めるはずです。旧NISAにはあまり関心がなかった高所得層・富裕層も、新NISAには関心を示し、投資を検討する可能性があります。

　中間層・高所得層・富裕層どの層であっても、新NISAで満足できる投資成果を得られれば、投資金額の増額につながり、預かり資産拡大へと結び付けることができます。

4. 新NISAによって生まれるお客さまのニーズと投資行動の変化

(1)　新NISAをきっかけに投資を始めたい

　2022年以降、日本でもインフレ率が高まり、預金の運用だけではインフレに対応できないことがあらためて明らかになりました。また、公的年金の将来像に対する根強い不信感もあり、老後資金を自助努力で充実させなければならない必要性を多くの人が感じているのではないでしょうか。

　インフレ対応、老後資金準備のために投資の必要性は感じていたもの

の、これまで投資に踏み切れなかった人たちが、魅力度が格段に増した新NISAをきっかけに投資を始めようと考える可能性があります。

　また、非課税投資枠が大幅に拡充されたことを受け、それに合わせて投資金額を増やそうと考える人も多いと思われます。

(2)　自分に合った新NISA活用のアドバイスが欲しい

　新NISAは旧NISAよりも、シンプルでわかりやすい制度になっています。しかし、お客さま自身が実際の運用に関わるとなれば、まず、以下のようなことを疑問に思われるのではないでしょうか。

- ●長期の資産形成に取り組みたいが、新NISAをどう活用すればよいか
- ●非課税枠を一気に利用したいが、どうすればよいか
- ●成長投資枠とつみたて投資枠はどう使い分ければよいか
- ●必要なときはいったん売却したいが、売却・再投資のタイミングをどうすればよいか

　雑誌やインターネット上では、疑問解消につながるさまざまな情報が公開されています。しかし、その中から一般の人が自分に合った正しい情報を探すには大変な労力を伴うものです。そこで、お客さまからは「的確なアドバイスを提供してほしい」というニーズが高まる可能性があります。担当者がこうしたニーズに応え、新NISAの上手な活用法についてお客さまにアドバイスができれば、長期の取引へとつなげられるのではないでしょうか。

自分のライフプランに合ったアドバイスをしてもらえないかな？

3 金融機関に求められる お客さま対応と目指すべき営業推進

　金融機関として肝要なことは、自行庫にて新NISAをご利用いただくためのいち早い制度案内です。お客さまには、制度のメリットを知っていただくことで、自行庫や担当者に対する安心感を持っていただける機会になるかもしれません。

1. 顧客情報の重要性

　自行庫で新NISAをご利用いただくためには、お客さまの情報収集は重要です。お客さまがNISA制度をどの程度ご存じかに加え、新NISAのメリットをどのように捉えているかをお聞きしましょう。

　お客さまによって回答はそれぞれですが、「信託報酬率の低さ」「購入時手数料が無料」「投資枠の併用が可能」などがメリットとして挙げられるかもしれません。

2. 顧客プロファイリング

　とはいえ、新NISAをただやみくもに提案すればよいというわけではありません。必要な情報を引き出し、お客さまのライフプランに合った運用方法をお勧めすることが大切です。

　新NISAを活用したポートフォリオ構築では、現在のお客さまの預金や年収、住宅ローンなどの負債部門も十分に熟知したうえで、新NISAの活用やポートフォリオの提案ができるとよいでしょう。

3. 金融商品の選定と提案

お客さまのリスク許容度だけを金融商品選定の判断基準とするのは、お客さまの期待に十分に応えているとはいえません。ゴールベースアプローチという視点からも、お客さまが目指すゴール（期限・金額）を共有することで、お客さまが想定しているほどの大きなリスクやリターンをとらなくてよい場合もあるでしょう。

その逆もまたしかり、お客さまが目指すゴールの共有があるからこそ、新NISAのメリットを生かした制度の活用や対象ファンド、投資金額を検討することが、顧客満足を高める提案へとつながります。

比較的リスクの低い分散投資ではありますが、お客さまのご意向を丁寧に確認しつつ、それに合った提案をすることが重要です。お客さまそれぞれにふさわしいポートフォリオを提案するためにも、提案前のヒアリングは必要な工程といえるでしょう。

4. つみたて投資枠を中心に提案

新NISAで提案する商品は、お客さまのご意向に基づくことが原則ですが、まずはつみたて投資枠を軸に検討できるとよいかもしれません。なぜなら、つみたて投資枠は、いわゆるドルコスト平均法を用いるため、相対的に平均購入単価の引き下げが期待でき、負けない運用の実現に近づけることができるからです。

運用経験の浅いお客さまには、ドルコスト平均法の説明を言葉だけで行っても理解していただくのは難しいかもしれません。自行庫のパンフレットを用いて、手元に電卓を置き、加重平均を通して取得単価の引き下げになる例を具体的にお見せできると、顧客理解や担当行職員への信頼も深まります。

5. 新NISAを絡めた取引深耕

　新NISAをきっかけに投資を始められたお客さまには、リバランスや追加投資の提案、課税口座による投資も含めて、自行庫との取引をさらに深めていただくことも期待できます。というのも、新NISAは一個人一口座であるため、一度口座を開設すると他行庫では作ることができないからです。そのため、新NISA以外の取引も自行庫で行っていただける確率が高まり、お客さまにおける資産形成のメインバンクになれる可能性が大きくなります。

6. アフターフォローのタイミング

　お客さまへのアフターフォローは、取引残高報告書の送付のタイミングで行うことをお勧めします。なぜなら、取引残高報告書は四半期ごとに送られるため、お客さまと自行庫の双方で運用成績を確認しながら会話のできるよいタイミングだからです。課税口座の運用であった場合、どれほどの課税額であったか概算での金額をお伝えするだけでも、お客さまの新NISAへの満足度は高まるはずです。

7. 他行庫のお客さまも利用可能

　新NISAの新規開拓では、どのようなお客さまが想像できるでしょうか。多くの人は、NISAをまだ利用されていないお客さまを想像するかもしれません。しかし、他行庫で旧NISAを利用されているお客さまであっても、新NISAをきっかけに自行庫で取引を始めていただくことも可能です。なぜなら、新NISAが旧NISAの資産を引き継ぐわけではないからです。つまり、旧NISAと新NISAは別口座であるため、他行庫の旧NISAであっても自行庫で新NISAを利用いただくハードルは実は低いのです。

8. メイン化に向けたアプローチ法

　また、極めて重要な新NISAアプローチ先として「職場積立NISA」が挙げられます。なぜなら、職域先の従業員向けに新NISAセミナーを開催することで効率的に新NISAの概要を伝えられ、新NISA口座の新規開設へとつながる可能性が高いからです。

　地方銀行によっては、職場積立NISAセミナーへの取組みを重視し、主に融資業務の法人担当者を中心に新NISAセミナーを推進しているところもあります。

　セミナーの中では、新NISAに対する顧客理解の把握や制度のメリットについて丁寧に説明をしていきます。お客さまに寄り添った説明をすることで新NISA口座の開設へとつながり、さらには課税口座も含めた投資信託や総合的な金融サービスの提案へとつながる可能性が高まるはずです。

●新NISAにおけるアドバイス提供の流れ

ヒアリング

- ・お客さまから必要な情報（年収、資産、家族状況等）を引き出す
- ・リスク許容度を含めたご意向を確認する

資産運用の目標の明確化

- ・引き出した情報をもとにお客さまのライフプランに合った運用方法を提案する
- ・お客さまが目指すゴール（期限や金額）を共有する

資産運用計画の策定

- ヒアリング情報と明確化した目標をもとにポートフォリオを策定する

- お客さまにとってイメージしづらいことは、具体例を示して説明する

継続的なフォロー

- フォローは「取引残高報告書」送付のタイミングに行う

- 運用成績によってはリバランスや追加投資の提案をする

目的の実現

第 2 章

新NISA を活用した資産運用をサポートする!

1
お客さまの運用の目的・考えを明確化し 新NISA活用のアドバイスをしよう

1. 資産運用の目的は、お客さまの希望を叶えること

　新NISAは、資産運用において非常に有効な制度です。なぜなら、お客さまの希望を叶える手段として活用できるからです。

　例えば、お客さまが将来叶えたいことに「老後は悠々自適に暮らしたい」「子どもを大学まで行かせたい」「素敵なマイホームが欲しい」といったライフプランに関するものがあったとします。

　ライフプランの実現に向けて、「お金の面」から適切にサポートすることが、金融機関の担当者の役割であり、その1つに運用アドバイスがあるわけです。

　お客さまの希望を考慮せず（運用目的を明確にしないまま）に、新NISAありき、資産運用ありきのみの提案は、お客様のニーズに合わない、的外れなものになってしまう可能性があります。

　そのため、まずはお客さまの希望（運用目的）をしっかりとヒアリングし、明確にすることを心がけましょう。

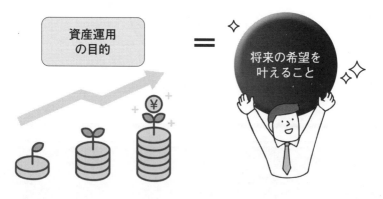

2. いつまでに、いくら必要か?

　お客さまの希望（運用目的）を明確にするには、それを具体的に数値化しなくてはなりません。すなわち、お客さまの希望を実現するためには、「いつまでに、いくら必要か」を、しっかりと数字で設定していただくことが大切です。

　ただ、将来の希望をヒアリングしても、お客さまからの返答が、「老後は悠々自適に暮らしたい」といったように、非常に漠然としているケースがほとんどでしょう。そのため、お客さまの希望を明確に数字に落とし込むためのサポートが必要となります。

　例えば、「老後は悠々自適に暮らしたい」というお客さまの希望であれば、具体的にどのような暮らしを考えているのかをヒアリングします。その実現のために「生活費はどの程度必要なのか」をイメージしていただきましょう。さらには、旅行等のレジャー、家のリフォーム、車の買い替えなど、お客さまの思い描くライフプランをしっかりと見据えていただくようアドバイスすることで、より正確な数字が導き出せます。

3. 目標金額(ゴール)を設定する

　そのうえで、お客さまの属性や家族構成、資産状況、現在の収入、将来の退職金や年金なども、できるかぎり具体的にヒアリングします。徹底して情報収集することで、「いつまでに、いくら必要か」、目標金額がハッキリと見えてくるわけです。

　なお、世間では「老後2,000万円問題」が話題となり、不安に思われるお客さまも多くいらっしゃるかと思います。しかし、前述したように自身のゴールを明確にするというプロセスを経験いただくことで、老後の2,000万円はあくまでも一般論であって、本当に必要な金額は、一人ひとり違ってくることも納得いただけるでしょう。

なお、ここでは老後資金を題材として解説していますが、それが教育資金や住宅資金であっても、お客さまの希望、現状等を踏まえてゴールを設定するという手順は同じです。

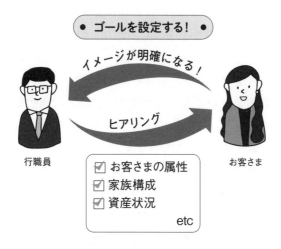

● ゴールを設定する！ ●

イメージが明確になる！

ヒアリング

行職員　　　　お客さま

☑ お客さまの属性
☑ 家族構成
☑ 資産状況
　　　　　etc

4. ゴール設定のプロセスを踏むことで提案もスムーズに

　ゴールが明確になれば、ゴールを達成すべく、金融機関の担当者としてさまざまな提案をお客さまにしていくことになります。

　その提案の1つに、「お金を増やす」という資産運用があるわけです。

　もし、ゴールが達成できれば、お客さまの希望は（お金の面で）叶えられるわけですから、ゴール設定のプロセスにおいて、すでにお客さまの意識は高まっていると思われ、さまざまな提案を受け入れる体制が整っていることでしょう。

　提案する側にとっても、ゴール設定のために収集した情報を的確に分析することで、よりお客さまに合った資産運用の提案ができるはずです。

　なお、ゴール達成のための提案には、資産運用以外にも、「収入を増やす」「支出を減らす」などの提案も考えられますが、金融機関の担当者としては、やはり貯蓄や運用に関する内容がメインとなります。

貯蓄や運用の提案と合わせて（金融機関の担当者としての範疇は超えてしまうかもしれませんが）、収入増加や支出削減といった提案も絡めることで、お客さまからの信用を得ることができれば、資産運用の提案を受け入れていただきやすくなるかもしれません。

5. 新NISAを資産運用の提案に活かす

運用提案の内容は、お客さまの投資経験や知識、リスク許容度、運用方針などに合わせた提案を心がけましょう。そのためにも、ゴール設定のためのヒアリングだけでなく、お客さまの資産運用に対する考えなどについても、しっかりヒアリングする必要があります。それによって、よりお客さまのニーズに合った資産運用の提案が可能となるでしょう。

また、運用提案の中で、新NISA紹介の流れを意識すれば、スムーズに新NISA活用へとつなげられます。その際、お客さまのゴールや、資産運用に対する考えをしっかりと踏まえることで、より効果的な新NISAの活用を提案できるわけです。

なお、資産運用の提案においては、お客さまの資産全体のバランスを考えながら、新NISAの制度説明やアドバイスを行うことが大切です。新NISAの説明の際には、お客さまからの質問も予想されます。想定される質問については、あらかじめ、端的にわかりやすく回答できるようトレーニングしておきましょう。

なお、資産運用を躊躇されているお客さまへの運用提案においては、まずは新NISAの概要を説明し、そのメリットをうまく提案することで、資産運用を前向きに検討いただける可能性も高いと思われます。

冒頭で、新NISAありきの提案はよくないと書きました。ただ、新NISAがお客さまの資産運用の後押し（動機付け）となるのであれば、新NISAを前面に押し出した提案をすることも、十分に検討の余地があるのではないでしょうか。

2

NISA経験別＝新NISA制度と利用メリットの上手な伝え方

1. NISA口座を開設したことがないお客さま

①シミュレーションで非課税メリットを実感してもらう

　NISAの利用メリットを説明する際に、まずは、NISAの一番のメリットである非課税についてしっかりお伝えしましょう。

　非課税メリットをより実感していただくために、「投資信託の運用益には税金がかかること」を確認いただきます。配当金（分配金）や売却益からは約20％（20.315％）の税金が引かれること、つまり、手取りはそれだけ減ってしまうことを強調しましょう。

　具体的な商品で金額をシミュレーションして運用で収益を上げた際に、NISA口座を活用した場合と活用しなかった場合との、手取り額の差を示すことで、非課税効果の大きさをイメージしていただきましょう。その際に、長期間での複利運用効果も合わせて説明することで、NISAの非課税メリットがより際立ちます。

②新NISAの大改革をアピール

　そのうえで、旧NISAとの変更点を伝えていきましょう。旧NISAでは一般NISA（120万円・5年間）、つみたてNISA（40万円・20年間）と、年間非課税投資額と非課税期間に大きな制約がありましたが、新NISAでは、成長投資枠（240万円）、つみたて投資枠（120万円）、非課税期間ともに無期限と大きく拡充されています。そのことを積極的に説明しましょう。

さらには、これまでNISAの口座開設には期限が設けられていましたが、新NISAではいつでも開設可能（恒久化）となり、これまでとは比べものにならないくらい使い勝手がよくなったこともあわせてお伝えしましょう。

　ただ、この新NISAの充実ぶりは、投資経験のないお客さまにはなかなか伝わりにくいかもしれません。「今、投資の世界では大改革が起こっている」など、国が掲げている資産所得倍増プランの話を絡め、少し大袈裟なくらいに新NISAのメリットをアピールしてもよいかもしれません。

③2023年からNISA投資を始めれば、新旧制度を併用できる

　2023年内に意識しておきたいのが、NISAの新旧制度併用のメリットです。2024年からNISAは大きく拡充されるわけですが、何も2024年になるまで待つ必要はありません。今からNISAを活用して投資を始めるメリットをお伝えしましょう。

　そのメリットとは、2023年中にNISA口座を開設し活用すれば、2024年からの新NISAの非課税投資枠とは別に投資枠が設けられることです。旧NISAと新NISAは別の扱いとなり、旧NISAの非課税投資枠を使っても、新NISAの非課税投資枠が減額されるわけではありません。

　つまり、2023年中にNISA投資を始める（新旧制度を併用する）ことで、より多くの資金を非課税で運用できることをお伝えしましょう。

　少しでも早く投資を始めることで、時間を味方につけて大きく増やせる可能性が高まることも、あわせてお伝えしたいところです。

お客さま　「来年からNISA制度が新しくなるってニュースで見たんだ
　　　　　　けど、実際どうなのかしら？　そもそもNISAがどういう制
　　　　　　度なのかもよくわからなくて……」

行職員　　「通常、投資信託をすると運用益に約20％の税金がかかって
　　　　　　しまいます。NISAでは運用益に税金がかからないため、利
　　　　　　益を全額受け取ることができます」

お客さま　「そういうメリットがあるのね。それなら来年からやってみ
　　　　　　ようかしら？」

行職員　　「来年まで待たずに今、口座をお作りいただくと新旧両方の
　　　　　　制度が使えます。両者は併用できますので、非課税投資枠
　　　　　　が増やせてお勧めです」

お客さま　「そうなのね。もう少し詳しく聞かせてもらえる？」

POINT!

● NISA以外の投資信託と比較して、受け取れる手取りの違いをお
　伝えする(具体的な数字を見せられるとなおよい)。

● お客さまがNISAに興味を持たれたら、旧NISAの口座開設をご案
　内しメリットをお伝えする。

2. NISA口座を自行庫で開設したものの未利用のお客さま

①新NISAスタートをきっかけにあらためて説明を

　NISA口座を開設しているお客さまは、口座開設の際、NISAの概要に関する説明はすでに受けているはずですが、現在、未利用ということは忘れてしまっている可能性が高いと考えられます。

　そこで、新NISAのスタートをきっかけにあらためてNISAの説明をし、NISAを活用した投資の提案をしたいところです。

　その際に、新NISAでは非課税投資額や非課税期間が大幅に拡充したことを伝え、非課税メリットの大きさをあらためてアピールし、NISA口座活用のメリットをお伝えしましょう。

②今の株高・円安の状況を利用する

　非課税メリットの伝え方ですが、すでにNISA口座を開設しているお客さまに対しては、「もし、お客さまがNISAをご利用していた場合、例えば、昨年から●●日本株ファンドを購入していれば、現在、その運用収益は〇〇万円となり、これにかかる税金〇〇万円が非課税となっていました」と、具体的な商品名を取り上げ、リアルな運用収益や非課税額をお伝えしましょう。それによって、お客さまには自分ごととしてイメージしていただけるのではないでしょうか。

　実際、現在の株高・円安の状況においては、もし運用をしていれば、相応の収益が上がっていた可能性は高いわけですから、これにはお客さまも、NISAを利用していなかったことを残念に思われることでしょう。

　また、現在の物価高の状況から、運用しないリスク（お金の実質価値が目減りするインフレリスク）についても、あわせてお伝えしたいところです。

③新旧制度併用のメリットから2023年中のNISA利用を提案

　前述したように、今の相場状況・経済情勢を伝えることで、お客さまの投資に対する大きな動機づけとなり、ひいては、NISAの利用につながる可能性が高まるはずです。

　そのうえで2023年中であれば、新NISAのスタートを待つ必要はなく、開設済のNISA口座を今すぐにでも利用して、少しでも早く投資を始めるメリットをお伝えしましょう。

　その際には、**1.** のお客さまの例と同様に、「より多くの資金を非課税で運用できる」新旧制度併用のメリットにもしっかりと触れ、時間を味方につければ、大きく増やせる可能性が高まるドルコスト平均法のこともお伝えしましょう。

　すでにNISA口座を開設しているお客さまであれば、少なからず投資には関心を持たれている（いた）わけですから、制度併用のメリットが伝われば、NISAでの運用を始めていただける可能性は高いでしょう。

トーク例

お客さま	「そういえば来年からNISAが新しくなるんだよね？　以前勧められてNISA口座を作ったんだけど、まったく使ってなくて……」
行職員	「さようでございますか。今、運用を始めていただくと新旧のNISAの併用が可能で、非課税投資枠を増やすことができます」
お客さま	「そうなの？　併用できるのはいいかも。でも、損はしたくないんだよね」
行職員	「今は物価が上がっていますので、何もしなくてもお金が目減りしていく状態です。そのため、運用しないリスクのほうが高いかもしれません」
お客さま	「そうなんだ。非課税投資枠を増やせるならやってみようかな」

POINT!

● 初めに今の最大のメリットである新旧NISAの併用について説明する。

● インフレリスクの説明をし、何も運用しないほうが高リスクであることをお伝えする。

3. 自行庫のNISA口座で2023年の枠を利用しているお客さま

①自行庫でのNISA継続をアプローチする絶好のチャンス

新NISAは、すでに自行庫でNISAを利用しているお客さまに、引き続き自行庫でのご利用を促すための絶好のチャンスです。

すでに新NISAの案内がDMでなされていても、不明点がないかを聞くなど、対面でのフォローも忘れないようにしましょう。むしろ、対面でのアプローチをするために、DMがあると認識しましょう。

新NISAについては、手続き面で不安に思うお客さまもいるはずです。手続きなしにそのまま旧NISA口座を開設している金融機関（今回のケースでは自行庫）にて、新NISAが利用できることを必ずお伝えし、早めに安心していただきましょう。

新NISAの説明はもちろんのこと、NISAの非課税メリットについても、あらためてしっかりと説明したいところです。

②お客様に合わせた説明を意識する

新NISAのスタートに伴い、他行庫からの攻勢も考えられるため、お客さまへのアプローチやフォローは、早め早めを心がけましょう。

その際、お客さまの運用状況やニーズを踏まえたうえで、新NISAの説明をすることが大切です。

例えば、NISAの非課税枠の少なさに不満を持つお客さまには、「非課税枠の大幅な拡充」を強調、一般NISAとつみたてNISAの選択で迷っているお客さまには、「成長投資枠とつみたて投資枠は併用可能」を強調するなど、お客さまに合わせた説明を意識することで他行庫からの攻勢に対抗できます。

現在、自行庫のNISAを利用いただいていれば、お客さまの運用状況やニーズは把握できるはずですから、その強みを存分に生かしたいところです。

 トーク例

お客さま　「来年からNISAが新しくなるの？　DMが届いてたわ」

行職員　「ご覧いただきありがとうございます。何か気になる点はございましたか？」

お客さま　「今のNISAは非課税枠が少ないと思ってたから、増えるのはいいことよね！」

行職員　「そうですね。しかも新NISAにも投資枠が2つございまして、今度は併用が可能なんですよ。さらに今からですと新旧のNISA制度の併用も可能なので、投資枠が大幅に増やせます」

お客さま　「そんなに増やせるの？　それはすごいわね！」

POINT!

● まず、DMの内容にご不明な点がなかったかをお伺いする。

● お客さまの反応に合わせて説明をしていく（この場合、非課税枠の拡充について）。

4. 他行庫のNISA口座で2023年の枠を利用しているお客さま

①運用状況等をヒアリングする絶好のタイミング

新NISAは、他行庫でNISA口座を利用しているお客さまへのアプローチとしても絶好のタイミングです。

新NISAの案内（説明）をきっかけにアプローチすれば、自然な流れで、（他行庫で利用している）NISA口座での運用状況に触れることができるからです。唐突に、他行庫の運用状況に触れるのは抵抗があるかもしれません（お客さまにとっても抵抗があるかもしれません）が、新NISA制度の話題から話し始めれば不自然にならないのではないでしょうか。

その際には、運用状況だけでなく、お客さまの運用目的や投資への考え方、ライフプランについてもヒアリングしたいところです。

②自行庫での新NISA利用のメリットも伝えよう

ヒアリングしたお客さまの運用状況やニーズ等を踏まえたうえで新NISAを案内するという意味では、**3.** の例と同様です。

その際、自行庫においては、NISA口座の資産運用に関する幅広い情報提供、また、運用だけでなく貯蓄やローンなど、お客さまのライフプラン実現のためのサポートを念頭におき、アピールするよう心がけましょう。

新NISAのメリットを伝えると同時に、自行庫で新NISAの取引を行うメリットもあわせて伝えることで、自行庫での新NISAのご利用を促しましょう。

トーク例

行職員 「来年から新NISAがスタートしますが、現在、NISA口座での運用状況はいかがですか？」

お客さま 「メインバンク以外で運用しているから、よくわからないのよね。そのとき、たまたま勧められて口座を開いただけなのよ」

行職員 「なるほど、さようでございますか。たしかに普段使わない金融機関ですと、現状は把握しづらいですよね」

お客さま 「そうなのよ。解約してもいいかなとは思ってるんだけど、何かいい方法はないかしら？」

行職員 「もしかしますと当行でお力になれるかもしれません。少々お時間をいただいてもよろしいでしょうか？」

お客さま 「えぇ、大丈夫よ」

POINT!

● 新NISAの話題をきっかけに、お客さまのNISAの運用状況やライフプランについてお伺いする。

● お客さまの困りごとを自行庫でサポートできることをお伝えする。

5. NISA口座を開設したことがないお客さま

　2024年以降においても、NISA口座を開設したことがないお客さまに対しては、やはり1. の例と同様に、NISAの一番のメリットである非課税メリットをしっかりお伝えしましょう。

　その際の方法として、まず、投資信託の運用益には約20％の税金がかかることをお伝えしたうえでNISA口座を活用した場合と、活用しなかった場合の手取り額の差をシミュレーションします。具体的な数値を示すことで、非課税メリットを強調しましょう。

　なお、NISA口座を開設したことがないお客さまの中には、投資経験・知識のない方もいます。そのため、まずはお客さまの投資経験・知識をヒアリングし、丁寧な説明を心がけることが大切です。

②旧NISAとの比較で新NISAの拡充ぶりをアピール

　新NISA制度の説明では、当然、新NISAの概要について説明することになります。その際には、旧NISAについても少し触れておきたいところです。なぜなら、旧NISAの概要もあわせて伝えることで、新NISAが、いかにグレードアップしたかを理解していただけるからです。

　具体的には、「年間非課税投資枠の拡充」「非課税期間の無期限化」「口座開設期間の恒久化」の３つを旧NISAと比較しながら伝えることで、新NISAの充実ぶりをより理解していただけるでしょう。

　また、旧NISAでは非課税枠の再利用はできませんでしたが（一度売却すると非課税投資枠は復活しない）、新NISAでは再利用できるため、こまめな売買で利益を積み重ねられるようになりました。さらに、これまでは一般NISAとつみたてNISAはどちらか一方しか選べませんでしたが、新NISAでは、成長投資枠とつみたて投資枠が併用できるようになりまし

た。

　上記の点を旧NISAの概要とあわせて伝えることで、新NISAのメリットをより際立たせることができます。

③投資を後押しする環境であることも強調

　前述したように旧NISAとの比較により、新NISAの非課税メリットの大きさ、使い勝手のよさをアピールすることで、今、国がどれだけ投資を全面的に後押ししている状況であるかもお伝えしましょう。

　そのうえで、新NISAはかつてないくらいの大盤振る舞いのお得な制度であることを、1. の例と同様に、「2024年に投資の大改革が起こる」と、少し大袈裟なくらいにアピールしてもよいかもしれません。

　このように、新NISAのメリットに加え、世の中が投資を後押しする現状であることが伝われば、NISA口座を開設したことがないお客さまも、「今こそ、運用するべきかも」「もし運用するなら、NISA口座を活用しないともったいない」「とりあえずNISA口座を開設しておこうか」との気分になってもらえる可能性は高いでしょう。

お客さま　「これから制度が新しくなるってニュースで見たんだけど、実際はどうなの？」

行職員　「通常、投資信託をすると運用益に約20％の税金がかかってしまいます。NISAでは運用益に税金がかかりませんので、利益を全額受け取ることができます」

お客さま　「そういうメリットがあるのね。それならこれからやってみようかな？」

行職員　「さらに新NISAは旧NISAよりも、非課税投資額や投資期間が大幅に拡大しますので、運用を始められるにはいいタイミングかもしれません」

お客さま　「そうなんだ。もう少し詳しく聞かせてもらってもいい？」

POINT!

- NISA以外の投資信託と比較して受け取れる手取りの違いをお伝えする（具体的な数字を見せられるとなおよい）。
- 新NISAのメリットを説明し、投資を始めるベストなタイミングであることをお伝えする。

6. NISA口座を他行庫で開設したものの未利用のお客さま

①なぜNISA未利用なのかを確認しよう

お客さまにまず確認したいのは、なぜ未利用なのかということです。

確認する際には、お客さまにNISA口座以外で投資をしているかを質問してみましょう。

もし、NISA口座以外で投資をしているのであれば、お客さまにNISAのメリットが伝わっていない、理解されていない（もしくは誤解されている）可能性が考えられます。

なぜなら、投資をするのであれば、（損益通算ができないというデメリットがあるとはいえ）大きな非課税メリットのあるNISA口座を利用しないことは考えにくいからです。

②お客さまが納得いく説明を心掛ける

また、お客さまがNISA未利用の理由として、他行庫でのNISAの説明不足も大いに考えられます。

それを自行庫にとっての大きなチャンスと捉え、お客さまが納得いくまで説明して好印象を持っていただけるよう心がけましょう。

その際には**5.** の例と同様、新NISAを切り口に、あらためてNISAの非課税メリット、旧NISAとの比較で新NISAの拡充ぶりをアピールしましょう。

新NISAの拡充ぶりから、国がどれだけ投資を全面的に後押ししている現状であるかも強調することで、未利用であるNISAの活用を促すことにもなります。

③お客様に寄り添った説明で投資の必要性を伝える

もし、まったく投資をしていないのであれば、他行庫でのNISA口座は付き合いで開設した可能性が高く、お客さまはそもそも投資そのものに

興味がない（またはさほど必要性を感じていない）可能性も高いと思われます。その場合、NISAの説明よりもまずは投資の必要性についてお伝えしたいところです。

　具体的には、**2.** の例と同様に、現在の株高・円安の状況から今が投資によって収益を上げられる可能性が高い環境であること、物価高の状況からインフレリスクに触れるのも有効でしょう。

　また、そのような相場・経済情勢からだけでなく、お客さまのライフプランをヒアリングしたうえで、資産運用は、ライフプラン実現のための1つの手段として有効であることもお伝えしましょう。

　このように現状を踏まえたうえで、お客さまに寄り添った説明や投資の有効性を伝えることを心がけたいものです。

　投資に関心を持ってもらえれば、NISAを利用する大きな動機づけとなり、新NISA口座を自行庫に移してもらえる可能性も高いでしょう。

トーク例

お客さま	「そういえば、今年からNISAが新しくなるんだよね？ 以前、他の金融機関に勧められてNISA口座を作ったんだけど、まったく使ってなくて……」
行職員	「かしこまりました。差し支えなければ、NISA口座をご利用になっていない理由をお聞かせいただいてもよろしいでしょうか？」
お客さま	「そもそも、投資そのものに興味がないし、当時は説明を聞いてもピンと来なくて……。でも、最近の物価高もあって、貯金だけじゃ心もとないかなとも思ってるんだよね。それに、将来お金が足りるか不安だし……」
行職員	「なるほど。お客さまのおっしゃるとおり、今はとくに物価高の影響で、何もしなくてもお金が目減りしていきます。そのため、運用しないリスクのほうが高いかもしれません。もしよろしかったら、お客さまの今後のライフプランなどについてお聞かせいただけませんでしょうか？ 何かお力になれるかもしれません」
お客さま	「ありがとう。お願いできるかな？」

POINT!

● 無理のない範囲で、お客さまがNISA口座を利用されていない理由をお伺いする。

● お客さまの口座未利用の理由を踏まえたうえで、解決策につながる説明を心掛ける。

7. 自行庫のNISA口座で2023年までの枠を利用しているものの、新NISAがスタートしても運用していないお客さま

①以前の投資目的をヒアリングする

　お客さまが2023年までの枠を利用しているということは、少なくとも投資に関心を示していたわけなので、まずは投資を始めたきっかけを聞いてみましょう。その回答が、「老後資金のため」「教育資金のため」など、ライフプラン上の必要資金が目的であれば、あらためて、お客さまの現状を踏まえたうえでシミュレーションし、最終的な目標金額を明確にします。

　また、目標金額を達成するためには、さらなる運用（追加投資）が必要であることも説明しましょう。そのうえで、非課税投資枠の拡充や非課税期間が無期限となった新NISAを活用することで、より有利に運用できる可能性についてお伝えましょう。

　お客さまの目的を達成するための運用プラン（運用商品や運用金額）をあわせて提案することで、すぐにでも新NISAの利用を促せるはずです。

②NISA口座内の商品をきっかけに新NISAの利用を促す

　一方で、その回答が、「なんとなく始めてみた（とくに投資目的は決まっていない）」というお客さまには、旧NISA口座内で保有している商品をきっかけに新NISAの利用を促しましょう。

　旧NISAの非課税期間はいずれ終了することから、もし、その商品をこれからも長期で保有するつもりであれば、非課税期間が無期限である新NISAでの利用を促すアドバイスへとつなげられます。

　もっとも、旧NISAから新NISAへの移管はできないため、旧NISAでいったん売却して新NISAで買い直すという提案になります。

　その売買は、旧NISAの非課税期間終了のタイミングでもよいのですが、もし今が高値圏との判断であれば、すぐに売却して値下がりのタイミン

グで、新NISAでの買い直しも検討いただいてもよいでしょう。

　もちろん、実際にうまくいくとは限りませんし、最終的な売買の判断はお客さまがするわけですが、そのような提案をすることにより、少なくとも新NISAの利用に関心を持ってもらえるはずです。

　実際、NISA口座内で含み益が出ている状況（かつ高値圏との判断）であれば、とりあえず売却しておき、値下がりのタイミングを見計らって、新NISAでの購入を考える人が多いかもしれません。

　逆に、NISA口座内で含み損が出ている状況（かつ安値圏との判断）であれば、とりあえずその商品を新NISAで購入しておき、値上がりのタイミングを見計らって（含み損が解消してから）、旧NISAでの売却を考える人が多いでしょう。

　いずれにせよ、お客さまが現在保有する商品に絡んだ提案であれば、いやがおうでも関心を持っていただける可能性が高いため、新NISA利用のきっかけとなるはずです。

お客さま	「今年からNISAが新しくなったの？」
行職員	「さようでございます」
お客さま	「以前からNISAは運用してるんだけど、なんとなくやってみただけだから、ほったらかしなのよね」
行職員	「さようでございますか。新NISAは旧NISAと比べて、投資枠も投資期間も大幅に増えていますので、引き続き運用していただくには各段に利便性がよくなっていてお勧めですよ」
お客さま	「金額や期間が増えたのはいいわね」
行職員	「今、お客さまが保有してらっしゃる商品を、もし長期で運用し続けたい場合は、いったん売却していただき同じ商品を買い直す方法などもございます」
お客さま	「そういう方法があるのね。もう少し詳しく聞かせてくれる？」

POINT!

● 旧NISAと比較し、新NISAの利便性が向上したことを説明する。

● お客さまが旧NISAと同じ商品を長期で保有したいご意向の場合、「売却」などの具体的な提案をする。

①他行庫で受けた説明の内容を切り口にする

　今回の事例については、以下の2つのケースが想定されます。

　1つ目は、お客さまが新NISAの説明を他行庫からすでに受けているケースです。このケースであっても、新NISAの話題をあらためて取り上げ、それをきっかけにアプローチしましょう。その際に、お客さまが他行庫から受けた説明で不明点がなかったかをヒアリングします。

　つまり、新NISAの説明を一からするのではなく、お客さまが他行庫で受けた新NISAの説明の内容を切り口にするよう心がけましょう。

②新NISAを利用していない理由の聞き方

　もし不明点があれば、他行庫以上に丁寧な説明を心がけましょう。お客さまが納得いくまで説明し、フォローすることは言うまでもありません。

　とくに不明点がなかったとしても、こちらから積極的に新NISAの情報を提供し、会話を掘り下げることで、新NISAの運用を始めていない理由をヒアリングしましょう。

　唐突に、運用していない理由を聞くのは尋問みたいですが、新NISAの会話の中であれば、自然な流れで聞くことができるはずです。

　利用していない理由がわかれば、その原因の解決策を見出すことによって新NISAの利用を促せるでしょう。その際には、自行庫での取引も大いに期待できるはずです。

③他行庫からの説明を受けていなければ大きなチャンス

　2つ目は、お客さまが新NISAの説明を他行庫からまだ受けていないケースです。このケースは、自行庫で新NISAの取引を行ってもらう大き

なチャンスにつながります。

　新NISAがすでにスタートしている現状をきっかけに、あらためてお客さまへの丁寧な新NISAの説明を心がけましょう。その際に、自行庫で新NISAの取引を行ってもらうためにも、資産運用に関する幅広い情報の提供や運用だけでなくライフプランのサポートが取引深耕のカギとなります。

トーク例

行職員 「今年から始まった新NISAが話題になっていますね」

お客さま 「そのようね。△△銀行で以前からNISAはやっているけど、新NISAのほうはよくわからないわ」

行職員 「さようでございますか。ちなみに△△銀行様でNISAを始められた際にご不明点などはございませんでしたか？」

お客さま 「そうね、とくにはなかったかしら」

行職員 「承知いたしました。ところで、新NISAをご利用される予定はございますか？　もしよろしければ、お客さまのライフプランにあった情報をご提供させていただきたいのですが、いかがでしょうか？」

お客さま 「とくに運用する予定はなかったけど、将来のお金のことも不安だから少しだけ話を聞いてみようかしら」

POINT!

- 新NISAの説明をゼロからするのではなく、他行庫で受けた新NISAの説明を切り口に話をする。
- お客さまの反応を見ながら、新NISAからライフプランの話へと展開させる。

>> 3 お客さまからよくある新NISAに

Case1　新NISAと旧NISAの違いを説明する

お客さま：新NISAと旧NISAは何が違うの？

行 職 員：旧NISAとの違いは、非課税投資枠が大幅に拡大され、一生涯、利用できる制度になったという点です。旧NISAの年間投資枠は、一般NISAが120万円、つみたてNISAが40万円と少額で、どちらかを選択しなければなりませんでした。非課税で運用できる期間も5年、20年と限定的でしたので、将来的な運用計画が立てづらいとの声も多く頂戴しておりました。

お客さま：たしかにそうね。

行 職 員：それが新NISAでは投資額が大幅に拡大され、成長投資枠が年間240万円、つみたて投資枠が年間120万円も投資できるようになります。さらに、2つの投資枠は併用できるため、年間360万円の投資も可能です。非課税で保有できる額は、最大1,800万円ですので、多くの方にとって十分な非課税枠ではないでしょうか。

お客さま：それぐらい投資枠が広がれば、十分かもしれないわね。

行 職 員：さらに、今回の改正で制度が恒久化されるため、一生涯、❶非課税メリットを受けられるようになります。例えば、お子さまが独立して余裕ができた時、また退職金を受け取る時には多めに投資をする、反対に教育費や住宅費などの出費がかさむ時には投資額を抑えるなど、ライフプランに合わせて投資計画が立てられます。

お客さま：家族の事情によって調整できるのはありがたいわ。

関する質問へのトーク展開例

行 職 員：また、新NISAで保有できる限度額は、投資額1,800万円まで
ですが、この枠が再利用できるのも魅力です。

お客さま：投資枠の再利用？

行 職 員：仮に、上限となる1,800万円分の投資をしていたとします。そ
の後、❷資金が必要になり投資額500万円分を売却した場合、
その枠は翌年に復活するという流れです。ただし、1年間に
投資できる額は成長投資枠240万円、つみたて投資枠120万円
の計360万円ですので、再び500万円分を投資する場合は、2
年に分けることになります。

お客さま：なるほど。具体的に金額を提示してもらうと仕組みがわかり
やすいわね。

行 職 員：ありがとうございます。もし、新NISAでの運用をご希望でし
たら、詳しくご案内いたしますので、何なりとお申し付けく
ださい。

お客さま：ありがとう。家族と相談してみるわ。

Point

❶「非課税メリットの話＋お客さまのライフプランに合ったストー
リー」をお話しし、お客さまにイメージしていただく。

❷具体的な数値を例に挙げ、投資枠の再利用の説明をする。

旧NISAで保有している商品の
今後の取扱いについて説明する

お客さま：旧NISAで運用していた商品は2024年以降どうなるの？

行職員：一般NISAやつみたてNISAで投資している分は、引き続き投資した年から5年または20年、非課税で運用することができます。旧NISAと新NISAはまったくの別物として考えるため、旧NISAでの投資額に加え、新NISAの限度額1,800万円分が、今後、非課税で運用できる額ということになります。

お客さま：なるほどね。

行職員：もし、❶まだ2023年のNISA枠を使われていないのでしたら、商品のご提案をさせていただきますので、何なりとお申し付けください。

お客さま：長い期間、税金がかからないのは助かるわね。

行職員：すでにお持ちの一般NISAの商品を、今後も引き続き運用なさるのでしたら、新NISAでも買える商品かをご確認いただくことをお勧めします。なぜかと申しますと、一般NISAの期限がきた後は、何もしなければ自動的に特定口座（または一般口座）という課税扱いの口座で運用されるためです。

お客さま：そうなのね！　知らなかった。

行職員：❷一般NISAでの運用期限が近づいてまいりましたら、改めてお声掛けをさせていただいてもよろしいでしょうか。

お客さま：ありがとう。ぜひお願いするわ。

Point

❶ 旧NISA枠を未利用の場合を踏まえてお話をし、まだ旧NISAの運用に間に合うことをアピールする。

❷ 旧NISAの運用期限の到来前にご連絡差し上げることをお伝えし、お客さまにご安心いただく。

Case 3 旧NISAはロールオーバーできない仕組みであることを説明する

お客さま：これまでのNISAで保有していた商品をロールオーバーしたいんだけど、どうしたらいいのかしら？

行職員：2023年で一般NISAは終了するため、今後は、ロールオーバーができなくなってしまいます。2024年から始まる新NISAは、新たに仕切り直しされる制度のためできないようです。

お客さま：あら、じゃあどうすればいいの？

行職員：引き続き非課税で運用する方法はありますのでご安心ください。❶具体的には、一般NISAの商品を売却して、新NISAで再度ご購入いただくという方法です。ただし、ご留意いただきたい点がありまして、新NISAへと買い直す際に、信託財産留保額や、販売手数料が掛かることがあります。ですので、実際の手数料と将来の非課税の効果を一度ご検討いただくとよいかと思います。

お客さま：手数料のほうが高かったら、せっかくの非課税効果も薄れちゃうわよね。

行職員：さようでございます。新NISAは、一般NISAより対象商品の基準が厳格化されますので、今、お持ちの商品が新NISAでは投資できない可能性もあります。❷対象商品は、順次、投資信託協会のホームページで公表されていますので、ご確認いただければと思います。一般NISAの非課税期間終了が近づいてまいりましたら、今後の資産運用について改めてご提案させてください。

お客さま：いろいろ検討しなければいけないことが多いのね。ぜひまたお願いね。

❶ ロールオーバーに代わる具体策をご提示し、あわせてご留意いただきたい点もお伝えする。

❷ 新NISAで扱われる商品をお客さまご自身で確認いただくようご案内する。

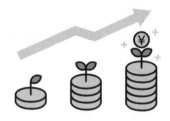

Case 4 旧NISAと同じ商品を新NISAでも継続購入できる方法を説明する

お客さま：つみたてNISAで購入していた商品を新NISAでも購入し続けたいんだけど、それってできるの？

行 職 員：ご安心ください。つみたてNISAで購入している商品を、新NISAでも購入することは可能です。新NISAには、成長投資枠とつみたて投資枠の２つの枠があります。つみたて投資枠は、つみたてNISAの後継となり、対象商品もそのまま引き継がれます。すでにNISA口座をお持ちの方は、2024年になると自動的に新NISA口座が開設され、積立投資も継続されますので、特にお手続きの必要もありません。

お客さま：そうなのね。手続きがないのは助かるわ。

行 職 員：ただ、つみたて投資枠の年間投資枠が120万円と大幅に拡大されるため、増額をご希望でしたらお申し付けください。成長投資枠と合わせて1,800万円まで非課税で運用できます。❶仮に、月10万円ずつ積み立てるなら、15年で1,800万円の枠が埋まる計算です。

お客さま：1,800万円まで非課税なの？　それはすごいわね。

行 職 員：また、新NISAは、つみたて投資枠と成長投資枠の併用ができるのも大きな特徴です。つみたて投資枠で積立てをしながら、成長投資枠で違うタイプの投資信託を購入する方法もあります。❷新NISAでは、さまざまな選択ができるため、存分に投資ライフを楽しんでいただけるかと思います。

お客さま：選択肢が多いのはありがたいわね。いろいろ検討してみたいわ。

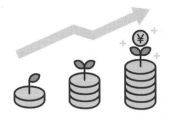

Case5 新NISAへ移行するにあたり必要な手続きの有無について説明する

お客さま：旧NISAから新NISAへの移行にあたって何か手続きは必要なの？

行　職　員：すでにNISA口座をお持ちの場合は、2024年になると、同じ金融機関で新NISA口座が自動的に開設されます。ですので、お客さまにしていただくお手続きはありません。

お客さま：そうなんだ。自動的に開設されるのは手間がなくていいね。

行　職　員：逆に、❶これまでNISAの投資経験がない方が新NISAを始める場合は、お手続きが必要になります。2023年中に手続きをされると、最初に一般NISAまたはつみたてNISAの口座が開設されます。ですので、新NISAよりも一足早く資産運用をスタートすることも可能です。

お客さま：なるほど。

行　職　員：2024年になると、新NISA口座が自動的に立ち上がり、その後は、新NISAの非課税枠で投資をする流れになります。❷もし金融機関の変更をお考えで、すでに2023年のNISA枠を利用している場合は、10月以降に新NISAの手続きができるようになります。

お客さま：早めに手続きができるのはいいね。

Point

❶ お客さまにNISAの経験がない場合も踏まえてお話をし、2023年にNISAを開始しても遅くないことをお伝えする。

❷ 金融機関の変更を考えているお客さまに新NISAの手続きのタイミングをお知らせする。

旧NISAで保有している商品の 売却の要否について説明する

お客さま：旧NISAで保有していた商品は売却しないといけないの？

行 職 員：すでに保有している商品は引き続き非課税で運用できます。 2024年になると、一般NISAやつみたてNISAで新規の投資はで きなくなりますが、既存の投資分を売却する必要はありません。

お客さま：そうなんだね。それならよかった。

行 職 員：ただ、分配金についてお伝えしたいことがあります。投資信 託は、決算期を迎えると分配金が支払われる場合があります。 旧NISAから支払われる分配金は、これまでどおり非課税で受 け取れますので、この点は心配ございません。❶ただし、1 つご留意いただきたい点がございます。分配金は、受取型と 再投資型が選べるようになっており、再投資型を選んでいる 場合に、今後その投資先が変わるという点です。

お客さま：投資先が変わるってどういうこと？

行 職 員：これまでは、一般NISAやつみたてNISAの未使用の枠に優先 的に再投資されましたが、❷今後は、課税扱いとなる特定口 座（または一般口座）へ投資されます。

お客さま：えっ！　そうなの？　それは知らなかった。

行 職 員：新NISAの口座に分配金が再投資されるとよいのですが、今回、 新たな制度として仕切り直しとなることから、旧NISAから新 NISAへの再投資はできないことになっています。

お客さま：今後は、課税口座にしか再投資できないことを念頭において おかないといけないね。

Point

❶ 旧NISAの分配金に関する留意点をお客さまにお伝えする。

❷ 旧NISAの今後の投資先について説明する。

Case7　旧NISAで商品が購入できる期限について説明する

お客さま：旧NISA口座ではいつまで商品を購入できるの？

行職員：旧NISAは、年内まで投資信託を購入いただけます。年内までに購入いただくというのは、窓口で申込みをする日ではなく、取引が成立して受渡しが行われる「受渡日」を指します。❶この受渡日は、投資信託ごとに違っており、例えば、Aファンドの場合、申込日から起算して4営業日が受渡日ですが、Bファンドの場合は6営業日というふうにそれぞれです。

お客さま：ファンドによって違うものなのね。

行職員：さようでございます。投資対象が海外資産のほうが一般的に申込みから受渡しまでの日数が長くかかります。また、海外市場が休場となる場合は、申込みができないこともあるため注意が必要です。

お客さま：じゃあ、余裕をもって購入しないといけないわね。

行職員：日数は営業日で数えますので、❷2週間くらい前を目途に購入を検討されるのがよいかもしれません。検討中の商品がございましたら、こちらで受渡日までのスケジュール等も確認できますので、何なりとお申し付けください。

お客さま：ありがとう。またご相談させていただくわ。

Point

❶ 受渡日の留意点として、ファンドごとに受渡日が違うことをお伝えする。

❷ お客さまに受渡日の目途をお伝えし、受渡日までのスケジュール確認のサポートができることをアピールする。

Case8 旧NISAの非課税期間、今後の運用について説明する

お客さま：旧NISAが非課税なのはいつまでなの？　終了後はどうなるの？

行職員：旧NISAで運用している資金は、新NISAがスタートした後も、引き続き非課税のまま運用できます。一般NISAの非課税期間は、投資を始めた年からそれぞれ数えて５年ですので、期限を迎えるものから順次、非課税の取り扱いが終了することになります。終了後は、自動的に特定口座（または一般口座）に預け替えられ、その後は課税扱いでの運用です。

お客さま：そうなのね。期限を覚えておかないといけないわね。

行職員：仮に、◎一般NISAで、Aファンドの基準価額が１万円の時に100万円分購入して投資をスタートさせたとします。期限を迎える５年後にAファンドの基準価額が倍の２万円に値上がりしていたとしたら、投資額は200万円に増えていることになります。その場合、増えた200万円が新たに課税口座に移されますが、課税口座での購入価格は基準価額２万円、つまり、200万円を新たに投資したものとして運用が再開されることになります。つみたてNISAも同様です。

お客さま：具体的に数字で示してもらうとわかりやすいわね。投資済みの資金は、引き続き非課税で運用できて、非課税期間が終了したら課税口座に払い出される。そこで運用が継続される仕組みなのね。

Point

◎ 運用のスタートから課税口座に移されるまでの具体的な金額や流れを例に挙げ、お客さまにイメージしていただく。

Case9　自行庫で新NISAの口座開設を希望される お客さまに手続きの詳細を伝える

お客さま：新NISAを機にお宅との取引に変えたいんだけど、どうしたら いいのかしら？

行 職 員：ありがとうございます。今はどちらの金融機関でNISAをなさっ ていますか？

お客さま：今は▲▲銀行に口座があるのよ。

行 職 員：新NISAを機に私どもとのお取引をお考えいただけるのでした ら、NISA口座がある金融機関で、NISAの廃止手続きをして いただくことになります。

お客さま：そういう手続きが必要なのね。

行 職 員：はい。❶廃止には数日掛かり、お手続きが完了しましたら廃 止通知書が発行されます。その廃止通知書をお持ちいただく と、私どもで新NISAの開設ができるようになります。お手続 きはいつごろをお考えでしょうか。

お客さま：まだ、具体的には考えてないのよ。

行 職 員：さようでございますか。もし、今つみたてNISAをなさってい て、NISAの廃止手続きが2024年になるようでしたらご注意く ださい。2024年になると、ご利用中の金融機関で自動的に新 NISA口座が開設され、積立投資も継続されます。❷NISAは 年単位でしか金融機関を変更できないため、2024年の新NISA 枠を少しでも使ってしまうと、こちらではすぐに新NISAが始 められません。ですので、お早めのお手続きをお勧めします。 ところで、新NISAでの運用をどのようにお考えでしょうか？

お客さま：老後の資金として運用したいと考えてるの。

行 職 員：さようでございますか。新NISAでは、年間非課税投資枠が 360万円となりますので、これまでに比べ投資額が倍増します。

　　　　また、非課税で保有できるのは投資額1,800万円までですので、
　　　新たな投資資金はもちろん、今、お持ちの運用商品も含め運
　　　用計画を立て直すことができそうです。もし、NISA口座以外
　　　でも投資をなさっているのでしたら、そちらを一度売却され、
　　　その資金を使って新NISAで新たに投資をするのも１つの方法
　　　です。仮に100万円の利益が出た場合、課税扱いなら約20％の
　　　税金が差し引かれ、受取額は約80万円です。非課税扱いなら
　　　全額受け取れるわけですから、その差は大きいですよね。

お客さま：なるほど、たしかにそれは大きいわね。

行 職 員：また、新NISAでは、つみたて投資枠と成長投資枠という２つ
　　　の枠に投資ができます。例えば、つみたて投資枠でコツコツ
　　　積立てをしながら、成長投資枠でAIや自動運転など分野に特
　　　化した投資信託に投資するのも１つの方法です。また、❸ご
　　　夫婦でそれぞれ新NISAを使えるため、場合によっては、贈与
　　　を活用して配偶者に資金を渡し、新NISAをフルで活用する方
　　　法もあります。歴年贈与は年間110万円まで贈与税はかかりま
　　　せんが、それ以上の場合は、税務署への申告が必要です。現
　　　在のNISAのご利用状況やご資産の状況、今後のライフプラン
　　　などをお伺いさせていただけませんでしょうか。詳しくアド
　　　バイスさせていただきます。

お客さま：ありがとう。ぜひお願いするわ。

Point

❶ 旧NISA口座の廃止方法を説明し、その流れから廃止予定の時期
をお伺いする。

❷ 旧NISA口座の廃止手続きが2024年になる場合の注意点を具体
的に説明し、新NISA運用の目的をお伺いする。

❸ お客さまのライフプランにあった投資枠併用の使用例をご
提案する。

Case10　成長投資枠とつみたて投資枠の使い分けについて説明する

お客さま：成長投資枠とつみたて投資枠はどう使い分けたらいいの？

行職員：まずは、つみたて投資枠を検討することから始めるとよいかと思います。つみたて投資枠は、年間120万円まで投資できるようになっており、リスクを抑えながら運用するのに必要とされる「長期・積立・分散」が叶う設計です。❶一歩を踏み出すのに勇気がいるという初めての方は、5千円、1万円といった無理のない金額から始め、慣れてきたら増額していくのもよいのではないでしょうか。

お客さま：投資するのが初めてだから、少しずつ増やしていけるのはいいわね。

行職員：❷つみたて投資枠の対象商品は、国の厳しい基準を満たした投資信託です。しかも、ノーロード（販売手数料なし）で投資が始められ、ランニングコストとなる運用管理費用も、市場平均を目指すインデックス型の投資信託なら、国内資産0.5％以下、海外資産0.75％以下などコストを抑えた運用ができるようになっているためお勧めです。

お客さま：それは魅力的ね。

Point

❶ 投資の経験が浅いお客さまには、無理のない投資金額をご提案する。

❷ 投資対象は、国の厳しい基準を満たした信頼できる商品であることを、具体的にお伝えする。

①慎重派タイプ

お客さま：成長投資枠とつみたて投資枠はどのように使い分けたらいいの？

行職員：❶つみたて投資枠を優先的に活用するとよいと思いますが、それだけですと毎月10万円しか投資ができません。もっと多くの投資を希望されるのでしたら、成長投資枠と併用しながら少しずつ運用資産を増やしていくとよいでしょう。

お客さま：投資枠を併用できるのはいいわね。

行職員：仮に、成長投資枠で毎月20万円の積立てをするなら、つみたて投資枠と合わせて30万円を投資することになり、1年間の上限となる360万円の枠を最大限活用できます。

お客さま：なるほど。具体的に数字で教えてもらうとわかりやすいわね。

行職員：この場合、❷新NISAの枠がいっぱいになるのは5年後です。その後は、じっくりと資産を育てていきましょう。

お客さま：えぇ、ぜひよろしくお願いします。

Point

❶ 初めにつみたて投資枠をご提案し、お客さまが運用額の増額を希望された場合は、成長枠の併用をご案内する。

❷ 限度枠に達した以降も、サポートし続けることをさりげなくお伝えする。

②積極派タイプ

お客さま：成長投資枠とつみたて投資枠はどのように使い分けたらいいの？

行 職 員：コツコツと積立するより、❶スポット購入や、今後の成長が期待できる業種や分野に絞った投資をご希望でしたら、成長投資枠を中心に投資計画を立てられるとよいと思います。

お客さま：そうね。そのほうが性に合っているかもしれないわ。

行 職 員：成長投資枠は、つみたて投資枠より自由度や商品の種類が多く、アクティブに運用する投資信託も豊富です。ただ、最大1,200万円までしか投資ができないため、600万円はつみたて投資枠を利用しなければなりません。ですので、❷成長投資枠を使って、お好きな銘柄をいくつか購入しながら、必要に応じてつみたて投資枠も利用するとよいかと思います。

お客さま：なるほど、まずは成長投資枠での投資が楽しみだわ。

Point

❶ 積極的な投資をご希望のお客さまには、成長投資枠を中心とした運用をご提案する。

❷ 投資額の増額を希望される場合、つみたて投資枠の利用もご提案する。

Case11 自行庫で新NISA口座を開設した場合の今後の旧NISA（他行庫）の取扱いについて説明する

お客さま： 新NISA口座をお宅に変えた場合、旧NISAはどうなるの？

行職員： 他行庫でお持ちの旧NISAは、これまでどおり運用を継続することができます。金融機関を変更しても、他行庫で運用する資金の売却益や分配金等のお受取りは非課税となりますので、安心してください。

お客さま： そうなんだ。それはよかった。

行職員： 利用しているのが、つみたてNISAでしたら、最長20年と長期運用が可能なため、資金が必要となる時までじっくり運用するとよいかと思います。一方、一般NISAでしたら、非課税期間が最長5年と限定的です。間もなく期限となる5年を迎えるといった商品をお持ちで、ある程度利益が得られているということでしたら、5年が経つ前に早めに売却し、利益を確定させるのも1つの方法です。

お客さま： なるほど。

行職員： ❶投資は、出口が最も大切で難しいといわれます。特に、残りの非課税期間が短い場合は、そのような視点も持ちながら運用されるとよいのではないでしょうか。

お客さま： たしかにそうだね。

行職員： ちなみに他行庫で運用されている商品はどのようなものでしょうか？　❷取引報告書などお持ちいただけましたら、そちらも含めて資産運用のアドバイスをさせていただきます。

お客さま： ありがとう。今度ぜひお願いするよ。

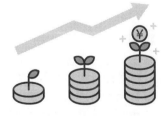

貯蓄を新NISAに投資しようと考えて
いるお客さまにアドバイスする

お客さま：貯蓄は、新NISAに移しておいたほうが得なのかな？

行 職 員：政府が、「貯蓄から投資へ」とスローガンを掲げ、資産運用を
後押しするために設けた非課税制度がNISAですので、資産運
用はぜひともお勧めしたいです。しかし、新NISAの枠を意識
するあまり、投資にご資産が偏るのはよくありません。投資
はリスクをともない、価格は日々変動します。❶当面の生活
費や、数年のうちに必要になるまとまった資金は、貯金や個
人向け国債などの安定したところに置いておくことも必要で
す。その上で、しばらく使う予定のない余裕資金を新NISAで
運用するとよいかと思います。

お客さま：なるほど、たしかにそうだね。

行 職 員：また、ひと言で投資と申しましても、ローリスク・ローリター
ンからハイリスク・ハイリターンなものまで幅広く、銘柄もさ
まざまです。新NISAは1,800万円まで非課税で運用できますが、
1年間に投資できるのは360万円までです。❷ちなみに今後の
ライフイベントはいかがお考えでしょうか。新NISAの特徴や
今後のライフイベントにあった、運用プランをご提案させて
いただければと思います。

お客さま：ありがとう。家族と話し合ってみるよ。また相談させてくだ
さい。

Point

❶ 最低限の資金は、手元に残しておく必要性をお伝えし、新NISA
は余裕資金で運用していただくことをご提案する。

❷ 話の流れから、お客さまのライフイベントをお聞きし、運
用プランのご提案につなげる。

Case13 新NISAの再利用枠を念頭においた早めの損切りを考えているお客さまにアドバイスする

お客さま：新NISAは投資枠の再利用ができるから、値下がりしたファンドは早めに損切りして買い換えたほうがいいのかな？

行職員：おっしゃるように、新NISAは投資枠1,800万円を再利用できますので、旧NISAよりもだいぶ使いやすくなります。ですが、運用している商品が損をしているからといって、早々に買い換えることはあまりお勧めいたしません。なぜなら、❶リスクを抑えながら運用するには、目先の相場に一喜一憂せず長期的視点で運用する「長期投資」の心構えが大切だからです。

お客さま：なるほど。

行職員：ただ、回復が見込めないとお考えになるのでしたら、売却するのも1つの方法です。その際にいくつか注意点があるのでご説明をさせてください。

お客さま：はい、お願いします。

行職員：まずご留意いただきたい点は、新NISAで商品を売却した後、その枠が復活するのは翌年になるということです。すでに1,800万円の枠を使っている場合や、残りの枠が少額の場合は、売却した年すぐに買い換えることはできません。

お客さま：そうなのか。すぐに買い換えができないんだ。

行職員：また、❷損切りした金額が大きく、翌年に復活した枠が500万円、1,000万円という場合も、年間投資可能額の範囲でしか買い換えることができません。投資枠の上限を超える場合は、さらに投資する年を分けることになります。つまり、投資できない資金は待機資金としてしばらく寝かせることになりますので、それが気になるようでしたら、解約額を数年に分けるの

もよいかもしれません。また、投資予定の資金が別にあり、かつ含み損のある商品は回復するまで待ってもよいと考えるのでしたら、まずは、新たな資金で新NISAの年間投資枠の利用を検討するのも１つです。とはいえ、投資するファンドの回復が見込めないと感じる時には、新NISAの投資枠に捉われず、早めに損切りすることも必要です。「〇％下がったら売却する」など損切りの目安を作っておくのも１つの投資戦略といえます。

お客さま：なるほど、いろいろな考え方があるんだね。

行職員：なお、❸つみたて投資枠で含み損がある商品をお持ちでしたら、売却は時期尚早ともいえます。なぜなら、この場合の損失は、これまでより安い基準価額で積立てができている時期に該当するからです。そのおかげで平均購入単価が下がりますので、反対に喜んで積立てを継続していただける時期ともいえます。成長投資枠で積み立てる場合も同じです。また、スポット購入した投資信託で含み損がある時も、手元に余裕資金があるようでしたら、資金を追加して平均購入単価を下げる方法もあります。相場が回復すれば、その分、早くプラスに転じるでしょう。

お客さま：いろいろなアドバイスをありがとう。もう少し長い目で見てみるよ。

Point

❶ 投資は長い目でみていただく必要性があることを、理由を示してお伝えする。

❷ 再投資枠を利用するうえでの留意点を、具体的に金額を提示して説明する。

❸ 損切りしないメリットを説明し、ファンドが値下がりしたときの前向きな捉え方をお伝えする。

Case14 ジュニアNISAの廃止と今後の取扱いについて説明する

お客さま： ジュニアNISAが廃止されると聞いたんだけど、今後どうすればいいの？

行職員： ジュニアNISAは2023年12月まで新規の投資ができますが、その後は廃止となるため新たに投資はできなくなります。しかし、すでに投資している分は、引き続き非課税で運用できますのでご安心ください。

お客さま： それならよかった。

行職員： 廃止そのものは残念ですが、よいこともあります。それは、❶制度の廃止にともない、払い出しの年齢制限がなくなることです。例えば、お子さまの私立中学の教育費や、大学受験の塾代に充てたいといった場合にも18歳を待たずして払い出せるようになります。

お客さま： なるほど、それはいいかもしれないわね。

行職員： ただし、成人のNISAと違って必要な分だけの支払いはできませんので、そこは十分ご留意いただきたいところです。❷資金が必要な時は、ジュニアNISAをすべて払い出すことになり、その後、口座は閉鎖されます。そのようなことも踏まえて、ジュニアNISAの払い出しのタイミングを検討されるとよいかもしれません。また、ジュニアNISAも、一般NISAと同じく制度廃止のためロールオーバーができなくなりますが、今後は、ジュニアNISA口座内にあるロールオーバー専用の継続管理勘定に自動移管され、成人を迎えるまで非課税で運用できるようになります。

お客さま： それはありがたいわね。

行職員： また、お子さまが18歳の成人を迎えますと、その翌年に新

NISA口座が開設されます。ですので、現在、ジュニアNISA
口座を保有しているお子さまで2023年中に成人を迎える方は、
自動的に新NISAの口座が開設されるというわけです。ただし、
これまでのようにジュニアNISAの資金を成人NISAにロール
オーバーすることはできなくなります。これは、一般NISAか
ら新NISAにロールオーバーができないのと同じように、制度
が新たに仕切り直されることが理由です。

お客さま：なるほど。

行 職 員：ジュニアNISAでの非課税期間が終了すると、ジュニアNISA
口座から払い出され、課税口座となる特定口座（または一般
口座）に時価で預け替えられることになります。ですので、
一度売却され、新NISAに買い直すことも検討されるとよいで
しょう。

お客さま：成人したら、それ以降は課税口座で運用されるのね。気を付
けないといけないわね。

行 職 員：さようでございます。また現在は、登録親権者がお子さまの
代わりに取引をされていると思いますが、成人を迎えられた
後は、お子さま自身が主体となり取引することになります。
❸スムーズにバトンタッチできるよう、お子さまと一緒に投資
信託の運用状況を確認するなど、資産運用のことを少しずつ
伝えていかれるとよいかと思います。もちろん、私どももサ
ポートさせていただきますので、何なりとお申し付けくださ
い。

お客さま：いろいろなアドバイスをありがとう。時期が来たら、改めて
相談させてください。

Point

❶ お客さまのライフプランに沿った制度廃止のメリットをお伝えする。

❷ ジュニアNISA解約に関する留意点をお伝えし、それを踏まえたうえでお客さまに払い出しのタイミングをご検討いただくようお伝えする。

❸ お子さまが成人を迎えたときにスムーズに取引いただけるよう、お客さまには資産運用について少しずつお子さまにお伝えいただくことをご提案する。

◆ 第 3 章 ◆

新NISAの最適提案と
フォローで
取引を長期化する!

1
ポートフォリオを十分に検討して
最適な提案をしよう

　NISAをお勧めしても嫌がる人（Aさん）がいます。理由をお聞きしてみると、過去に毎月分配型の投資信託を勧められて購入し、失敗した経験があるからだそうです。当初は、分配金も多く順調だったのですが、途中から運用が暗転し始めたため、次第に元本を取り崩して支払われる特別分配金になり、元が取れない状態になったそうです。

　毎月分配型のファンドは、毎月の分配金が必要な人には生活費の補填として悪くない商品ですが、Aさんにとってはメリットよりもデメリットが大きく、ニーズに合っていない商品でした。

1. ニーズに合った商品を提案するには?

　新NISAへの移行により、つみたて投資枠と成長投資枠が併用できるようになりました。投資の可能性が大きくなる一方で、ファンドの選択もその分難しくなります。どのお客さまに対してもワンパターンな推進では満足してもらえません。目の前のお客さまをプロファイリングし、お客さまが何を希望され、どのような人なのかを知る必要があります。以下、プロファイリング情報を引き出すための主な質問事項です。

> ● ライフプランとして、資金使途、いつごろ、いくら必要になるのか
> ● 現状の資産の内訳はどうなっているのか
> ● これまでの資産運用の経験と結果はどうなのか
> ● 投資に時間と手間をかけられるのか
> ● リスクは高めでも、短期間でリターンを大きく望んでいるのか
> ● リスクが低く手堅い運用ができそうなものを望んでいるのか

まず、プロファイリングから投資に回せる資金を導き出し、お客さまのリスク許容度にあった資産分配を考えて、ニーズに合ったポートフォリオを提案します。ファンドごとの運用対象（株式、債券、国内・外国等）による特徴やメリット・デメリット、運用期間を組み合わせ、お客さまの意向に合うリスク管理やリターン獲得を目指します。お客さまの希望を確認しながら、納得していただける提案を行いましょう。

2. お客さまに選ばれる金融機関になるには?

　金融機関側の都合のよい商品を勧めたり、お客さまが興味のある商品のみを提案したりするだけでは長い取引にはつながりません。真のニーズにあった商品の選定や組み合わせ、お客さまが望む以上のものを提示することで信頼されるメインバンクになれるのではないでしょうか。

　また、お客さまへの定期的なご連絡や販売した商品の値動き、金融市場の情報提供、売買のご相談対応などのフォローが必要です。その際、お客さまの状況や考え方の変化を把握し、その都度ご要望に合う新たな提案をすることで、長く深い取引につながります。

2 お客さま情報の収集とプロファイリングの方法

1. NISA取引状況別=NISAニーズはこうして引き出そう

　NISA制度は、お得にお金を増やすための魅力的な節税方法です。それにもかかわらず、利用しないのにはなにかしらの理由があるはずです。

　お客さまのお役に立つために、まずはニーズを把握することから始めましょう。会話の中から過去、現在、将来のお金にまつわる出来事や考えについてお伺いします。お客さまの返答に関連づけ、次にお聞きしたい話題へつなげていくと情報収集がしやすくなります。

(1)　NISA口座を開設したことがないお客さま

　NISA制度についてご不明点がなかったかなど、お声がけをしましょう。さらにNISAの理解度を確認、利用されない理由を尋ねてみましょう。

　2024年時点で口座未開設の場合は、NISAのお得な内容がお客さまに届いていない可能性もあります。もし「興味がない」「必要性を感じない」と言われた場合、根本にある理由は次の3つにあるかもしれません。

①資産運用に前向きでない場合

　資産運用の必要性を認識していただけるよう進めていきます。まずは、お客さまの将来の計画や希望を確認し、資金運用のニーズを引き出しましょう。

　お客さまが抱える現状の不安に寄り添い、

インフレが続くと資金不足が心配ではないですか?

インフレによる資産の目減りや金利上昇、値上げによる負担増に備える必要性などをお知らせします。実在する商品の過去の運用事例等やリターン、税金額を示し、NISA制度のよさを実感していただきましょう。

②投資に不安や嫌悪感がある場合

まずは、投資に対する不安や嫌悪感を払拭する必要があります。お客

いつごろどのようなファンドを購入されたのでしょうか？

さまの気持ちに寄り添いながら、投資について気になる点をお伺いしましょう。過去に投資経験があれば、そのことをお話しいただき、過去の気持ちを推し量ることで今後の話の進め方を導き出せます。強引な推進は、お客さまからの信用や取引そのものを失うことにもなるので注意が必要です。

③投資資金や時間がない場合

旧NISAと同じ節税商品、積立運用（財形年金・財形住宅等）の経験についてお伺いします。旧NISA以外の商品は、目的以外の使用は原則不可、引き出す場合は課税されることをご存じかどうか尋ねてみましょう。つみたてNISAなら財形年金・財形住宅と同様に非課税で、少額から自動的に資産形成ができることをお伝えし、投資での運用のメリットを認識していただきましょう。

財形年金 財形住宅はご利用ですね？

●その他

　なかには、少額投資に興味がない人もいます。旧NISAのご不満点をお伺いし、2024年以降のNISA制度の改善点を確認していただきます。さらに2023年中に申し込みいただくと非課税枠が増やせることをご案内しましょう。その際に旧NISAのロールオーバーやジュニアNISAがなくなる点もお知らせします。

新NISAとは別に非課税枠をご利用できるラストチャンスです

(2)　NISA口座を開設したものの未利用のお客さま

申し訳ありませんお気に召すものをご案内できなかったからでしょうか？

　一度はNISAに興味を持ったお客さまですので、具体的な理由で利用を断念したと考えられます。どのような理由で購入に至らなかったのかお伺いしてみましょう。代表的な理由として次の３つが挙げられます。

①投資に抵抗がある場合

　どのような点を不安に思われているのかをお伺いし、お客さまのご不安な気持ちに誠実に向き合います。投資はリスクの高い商品だけではなく、リスクの低い商品もあることや、複数の組み合わせによってリスクが軽減できることをお伝えしましょう。インフレによる資産目減りのリスク、過去のハイリターンの事例などを具体的に提示することで、投資と非課税で受け取れるメリットがイメージしやすくなります。

どのような点がご心配ですか？

また、一度断られたお客さまでも、他で勧められて考えが変化していることもあります。お客さまの表情や言葉を推察しながら、ニーズ喚起を進めましょう。

②来店機会がなかった場合

　インターネット取引やつみたてNISAのご利用であれば、手間をかけずに投資ができることをお伝えしましょう。また、少額から長期投資・長期保有でリスク軽減が望め、節税もできることを伝えニーズ喚起します。あわせてアフターフォロー（セミナー参加への声かけ・電話フォロー）もしましょう。

お忙しくてご来店いただけなかったのでしょうか？

③とりあえず口座を作っただけの場合

今がNISAを始めるのによいタイミングですのでよろしければこの機会にぜひ

　なかには、「とりあえず口座を作っただけ」というお客さまもいるかもしれません。せっかくのNISA口座を未利用のままにしておくのはもったいないことです。新NISAと併用していくためにも、今が旧NISAを始めるよいタイミングであることをお伝えし、認識していただきましょう。

　投資可能な金額、割合、リスク許容度、今後の資金使途などはお客さまによって異なります。現在、多くの金融機関がNISA口座の獲得に向けて積極的に動いています。その中でも、お客さまのニーズをしっかりと把握した金融機関がお客さまから選ばれ、信頼を得られるのではないでしょうか。ぜひ、お客さまに「あの時、NISAの利用を勧めてもらってよかった」と思っていただけるよう努めましょう。

2. お客さま情報をもとにこうしてプロファイリングを行おう

(1) 自行庫での取引がまったくないお客さま

●事前に把握できる情報

アポ取りの際に、ご自宅から自行庫までの時間や利用される交通機関からお住まいを推察。

●事前に把握できない情報

個人属性・興味・関心、保有している金融資産・金融以外の資産、現在の取引金融機関、投資の知識、投資意向、投資経験、新NISAへの理解度など。

●顧客情報を把握する方法

他行庫における取引の有無などの質問をお客さまに投げかけましょう。お客さまの投資の適合性（知識、経験、財産の状況、投資目的）を確認したうえで、新NISAを紹介していく流れがよいでしょう。

●プロファイリング

お客さまは、資産の運用利回りや値上がり益に興味があると想定できます。そのうえで、新NISAと課税口座との違いを示し、制度のメリットやデメリットについてもお伝えしましょう。口座開設や成約を急がず、顧客理解の程度に合わせた提案が必要となります。

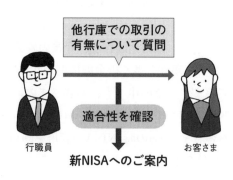

⑵　自行庫での取引がまったくなく、自行庫でNISAを利用しているご家族から紹介してもらったお客さま

●事前に把握できる情報

　ご家族の取引履歴、（ご家族より伺える範囲で）個人属性・興味・関心。可能であれば、おおよその金融資産や不動産資産、現在の取引金融機関、投資の知識、投資意向、投資経験など。

●事前に把握できない情報

　個人属性・興味・関心、保有している金融資産・金融以外の資産、現在の取引金融機関、投資の知識、投資意向、投資経験、新NISAへの理解度など。

●顧客情報を把握する方法

　ご家族には、ご本人に不快感を与えない程度の個人情報を事前にお伺いしておきましょう。

　また、ご本人の面談は十分に時間をかけ質問していきます。お客さまご自身の属性情報を把握するとともに、投資の意向や経験を伺います。新NISAのご案内につなげるためにもNISAの理解や関心の程度を確認し、必要に応じてNISAのニーズ喚起に努めましょう。

●プロファイリング

　もし、ご家族が自行庫と長く取引をしていただいているのであれば、自行庫に対する印象がよいものと推察されます。ご家族の取引履歴を確認し、まずは同程度の取引を目指しましょう。せっかくご紹介いただく大切なご家族ですので、丁寧な配慮・適合性確認等とともに、新NISAをしっかり提案してもよいと思われます。

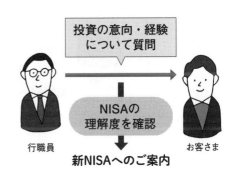

⑶ 自行庫で預金取引のみのお客さま

●事前に把握できる情報

個人属性・自行庫の金融資産と運用経験。

●事前に把握できない情報

他行庫での取引情報、投資意向、投資経験、新NISAへの理解度など。

●顧客情報を把握する方法

他行庫との取引の有無などの質問をお客さまに投げかけましょう。お客さまの投資の適合性を確認したうえで、新NISAの制度を紹介していく流れがよいでしょう。自行庫の他のお客さまを例に挙げ、純預金先であったお客さまがどのような経緯で資産形成に関心を持たれたか例示していくことも有効です。

●プロファイリング

投資の質問をした際にお客さまの反応がよければ、ご関心があると推定できます。預金に留まらず、新NISAも自行庫をご指定いただけると考え、10年、20年の長期投資を前提とした新NISAのご案内をしてもよいかもしれません。

⑷　自行庫で住宅ローンを行っているお客さま

●事前に把握できる情報

　住宅ローンの返済状況、自行庫での投資経験など。自行庫で給与の受取をされていれば、おおよその負債とキャッシュフローを想定。また、ご自身の資産だけでなく、ご家族の資産状況やお住まいの住所、敷地面積から不動産価値の推定など。

●事前に把握できない情報

　現在の投資状況、ご本人の投資意向。

●顧客情報を把握する方法

　複数の取引口座を一元管理・ワンストップで行える自行庫のサービスをお客さまに提案しましょう。そのメリットをご理解いただいたうえで、把握していない顧客情報（給与受取・資産形成）を明確に引き出す必要があります。お客さまが想定しているライフプランについても確認することが肝要です。

●プロファイリング

　お客さまは自行庫の住宅ローンを利用しており、自行庫に対して信頼は厚いと推察します。住宅購入時の消費税の大きさに負担を感じていたとしたら、新NISAの非課税メリットを理解していただきやすいかもしれません。

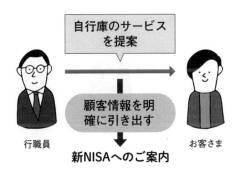

⑸ 他行庫でNISAを利用しているお客さま

●事前に把握できる情報

自行庫での課税口座や生命保険等の金融商品取引。

●事前に把握できない情報

他行庫での取引量、旧NISAへの満足度、他行庫で新NISAについてどのように案内されているかなど。

●顧客情報を把握する方法

旧NISAの資産残高や取引期間、これまで非課税メリットをどの程度受けてきたか、投資対象ファンドなどについて、質問を投げかけ確認しましょう。他行庫よりお客さまに送付されているであろう「投資信託取引残高明細」を拝見できるか尋ねてみるのもよいかもしれません。お客さまが了承してくだされば、より具体的なポートフォリオの提案が可能になります。

●プロファイリング

他行庫で旧NISAを利用しながら、自行庫での新NISA利用に関心があると推察されます。旧NISAになにかしらの不満があると仮定し、お客さまの気持ちに寄り添った質問を投げかけましょう。それによって、「旧NISAのファンドのパフォーマンスが優れない」「旧NISAがよくわからない」「旧NISAを利用している金融機関や担当者に不満がある」などの本音を引き出せるかもしれません。

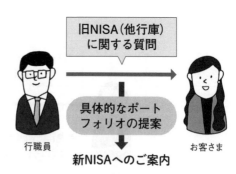

行職員　　　お客さま

旧NISA（他行庫）
に関する質問

具体的なポート
フォリオの提案

新NISAへのご案内

3
新NISAで保有する運用商品の スムーズな選定・提案方法

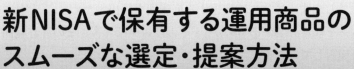

1. ポートフォリオの決定から最適な提案までの基本的な方法

　運用の開始前に検討するべきことは、商品の組み合わせではなく、外国株式や国内債券といった資産配分の決定、いわゆるポートフォリオの策定です。

　そのためには、十分なプロファイリングが必要です。その内容は、お客さまの資産状況や投資経験、知識、投資目的、ニーズ、現在のビジネス、家族関係など多岐にわたります。数字で示せる定量面だけでなく、ご家族への思いや、人間関係などの定性面が重要になることも多々あります。

　また、大まかな状態でもよいのでお客さまに確認しておきたいのがファイナンシャルゴールです。

⑴　ファイナンシャルゴールを達成するためには?

　通常、お客さまは、「▲%で運用したい」「●●に投資する商品で運用したい」などの希望を持っているものです。しかし、その条件で商品を選んだとしても、必ずしもポートフォリオがお客さまの意向に合致するとは限りません。

　数値面ではなく、お客さまの中にある具体的な運用目的に優先順位をつけてもらい、その中で一番優先順位の高い目的をファイナンシャルゴールとします。そのゴールを達成するためには、どのくらいの時期に、どのくらいの資金が必要かを確認します。

　実際に達成できそうなファイナンシャルゴールかも含め、お客さまと

膝詰めで議論します。ゴールに到達する可能性を見出すために、「どれくらいのリスクを取る必要があるのか」「そのリスクはお客さまの許容範囲なのか」を検討していきます。

(2) 運用の基本となるポートフォリオの選び方

　想定の運用期間に想定のリスク内で、ゴールに到達するために必要なリスク・リターンと、それを実現できる可能性のあるポートフォリオから、お客さまの考えにマッチしているものを選択していきます。ここが最大の山場です。

　ポートフォリオの枠組みが決まれば、組み込む商品の選択は簡単です。運用方針、体制、純資産額、仕組み、手数料等から選択し、気に入らなければ同種の別ファンドから選べばよいだけだからです。

ポートフォリオ例

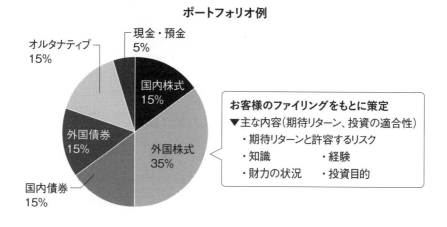

2. ケース別=新NISAで運用する商品の提案はこうして行おう

Case 1　子供のいない30代後半のご夫婦

　年齢的に今後必ずしも、子供が生まれることを想定しているとは限りません。手元の金融資産は限られていますが、共働きで収入はあるので毎月金銭的に余裕はあります。子供がいないので教育費の心配はありません。

　関心事は、漠然とではありますが引退後の金銭的なことです。

　運用の必要性は感じていますが、株式は怖く肌に合わないと考えています。リスクはあまり取れません。

　ファイナンシャルゴールまでの時間は十分あります。毎月のフローを源泉とした積立てで、低リスクのポートフォリオを運用することで、無理せずゴールに到達できそうです。

　日本国内のインフレリスクを回避する程度の期待リターンを考えていますが、国内の運用だけでは難しいので、為替や金利リスクは取りつつ、株式は一切組み入れません。

　例えば、債券85％、現金・預金15％をモデルとし、これに近くなるような投資信託の組み合わせを検討してみましょう。

〈Case 1〉ポートフォリオ

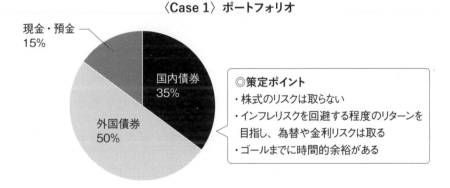

現金・預金
15%

国内債券
35%

外国債券
50%

◎策定ポイント
・株式のリスクは取らない
・インフレリスクを回避する程度のリターンを
　目指し、為替や金利リスクは取る
・ゴールまでに時間的余裕がある

行職員：株式は変動の幅は大きいですが、その分、中長期的には大きなリターンも期待できます。ただ、株式は保有したくないということですよね。

お客さま：はい、そうなんです。

行職員：今あるご資金ではなく、毎月の積立を運用の原資とします。老後への備えという点では、運用の時間は十分にありますので、無理にリスクを取る必要はありません。株式を組み入れないポートフォリオを検討しましょう。

お客さま：ありがとうございます。よろしくお願いします。

行職員：少なくともインフレリスクを回避する程度の期待リターンは必要です。❶株式をはずすのであれば、円建ての国内債券と外貨建ての外国債券での運用が中心となります。❷債券価格の変動に加えて、為替の変動の影響を受けることになりますが、この点はいかがですか？

お客さま：外貨預金の経験があるので、それは問題ありません。

行職員：では、外国債券50％、国内債券35％、残りを現金・預金としたポートフォリオとなるように投資信託で積み立てていきます。実際に積み立てる投資信託は、この中から選んでいきましょう。

Point

❶ 株式を組み入れない場合の比較的リスクの低い代替案をご提案する。

❷ 低リスクであっても、価格や為替の変動があることをお伝えし、お客さまの許容範囲をお伺いする。

Case 2 　小さな子供のいる20代後半の共働きご夫婦

　貯蓄はある程度ありますが、今後住宅を購入する際の頭金に充てよう と考えているので使うことはできません。毎月、収入はあるので金銭的 な余裕はあります。

　関心事は、3歳の子供がいるので子供が大学生になったときの教育資 金のことです。運用の必要性を感じていますし、ご自身でも投資の勉強 をして効率的な運用をしたいと考えています。将来的には、成長が期待 できる個別銘柄への株式投資も念頭においています。

　ファイナンシャルゴールまでは、15年の期間はあるものの、それ以上 の期間では想定していません。手元の貯蓄資金は運用に利用することが できないので、毎月のフローを源泉とした積立てで、ある程度リスクを 取ったポートフォリオの検討が必要になります。株式も積極的に組み入 れていきますが、10年以上の運用期間が確保できるので、ある程度リス クは軽減できそうです。

　期待リターンを5％～6％程度と想定しますが、リスクも10％～12％ 程度は許容できることが前提になります。一時的な含み損に関しては事 前に入念に確認しておくことが肝要です。具体的な金額での提示も効果 的です。

　例えば、株式35％、債券45％、オルタナティブ15％、現金・預金5％ というバランスのとれたポートフォリオを提案してみましょう。REITや 金などの株式や債券以外のオルタナティブへの投資も積極的に取り入れ ていきます。

トーク例

行 職 員：ポートフォリオに株式を組み入れることは問題ありませんか？
　　　　　　また、外国株式の組入れについてはいかがですか？

お客さま：はい、問題ありません。ぜひお願いします。

行 職 員：承知いたしました。❶分散投資という観点で、20％前後REIT

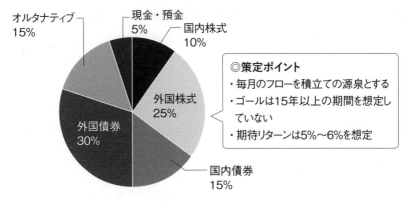

〈Case 2〉ポートフォリオ

オルタナティブ
15%

現金・預金
5%

国内株式
10%

外国株式
25%

外国債券
30%

国内債券
15%

◎策定ポイント
・毎月のフローを積立ての源泉とする
・ゴールは15年以上の期間を想定し
　ていない
・期待リターンは5%～6%を想定

や金といったオルタナティブ資産の組入れも選択肢として考えられますが、こちらはいかがでしょうか。

お客さま：分散の観点からそうしたほうがよいですか？

行 職 員：そのほうが分散効果は高いです。

お客さま：なるほど、そうなんですね。

行 職 員：あくまでも過去の運用実績をもとにした計算になりますが、このポートフォリオで期待リターンを5％～6％程度と想定しています。一方で、❷リスクも年率で10％～12％程度を見込んでいます。保有期間中に12％あるいはそれ以上マイナスになることもありますがいかがですか？　例えば、300万円が264万円になることがあります。

お客さま：想定内なので大丈夫です。

行 職 員：では、こちらをモデルポートフォリオとしていきましょう。

Point

❶ 分散投資の観点から考えられる選択肢をご提示し、お客さまの許容範囲をお伺いする。

❷ おおよその年率のリスクをご提示し、その数字以上にマイナスになる可能性があることをお伝えする。

Case 3　　**大学生の子供がいる40代後半のご夫婦**

　毎月、金銭的に余裕はありませんが、年間の収入から教育資金も捻出できており、ある程度の貯蓄と年2回のボーナスを運用に回す余裕があります。

　運用の必要性は感じていますし、ある程度リスクも受け入れなければならないことは理解しています。一方、株式で失敗した経験があり、株式投資は避けたいと考えています。

　教育資金の負担の目処が立った今、老後の資金が最大の関心事です。

　現在の会社には65歳まで勤務できますが、70歳くらいまでは働きたいと考えています。

　ファイナンシャルゴールまでは15年～20年程度の期間がありますが、老後の生活資金を作るには、相応にリスクを取った運用が必要です。現在の貯蓄資金と、当面はボーナスを中心とするフローの資金、子供が完全に手を離れた後は毎月のフローも源泉に加えた積立ても併用して、ある程度リスクを取ったポートフォリオの検討が必要になります。

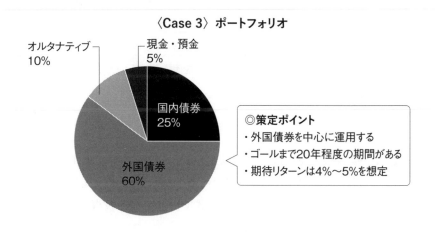

〈Case 3〉ポートフォリオ

オルタナティブ
10%

現金・預金
5%

国内債券
25%

外国債券
60%

◎策定ポイント
・外国債券を中心に運用する
・ゴールまで20年程度の期間がある
・期待リターンは4%～5%を想定

　一方で、株式投資を避けたいとの要望があるので、外国債券を中心としたポートフォリオで、4%～5%の期待リターンを目指していきます。

例えば、債券85％（そのうち外国債券60％）、オルタナティブ10％、円キャッシュ５％というようなバランスです。一定のリスクの許容は必要であることを入念に説明し、利回りを確保するため外国債券には投資適格債だけでなくハイ・イールド債やエマージングの債券なども組み入れることを提案します。

行 職 員：運用期間を15年〜20年確保できるのであれば、ある程度のリスクを取りながらポートフォリオに株式を組み入れたいところですが、いかがでしょうか。

お客さま：いや、できれば株式は組み入れたくないですね。

行 職 員：さようでございますか。運用はご納得のうえで行うことが前提ですので、株式を組み入れるのは避けましょう。あくまでも過去の運用実績をもとにした計算ですが、外国債券を中心に４％〜５％の期待リターンを目指していきましょう。そのためには、❶格付けの高い国や企業が発行する外国債券だけでなく、格付けの低い企業や、新興国が発行する国債などもポートフォリオに組み入れる必要があります。当然ながらリスクも増えますので、10％〜11％を想定していただくとよろしいかと思います。

お客さま：う〜ん……10％〜11％のリスクですか。少し考えてしまいますね。

行 職 員：❷実際の運用は、それ以上のことも当然ありえます。例えば、300万円が267万円以下になったりすることもありえるわけです。

お客さま：そうですよね……。でも株式ではないので投資したいと思います。

❶ お客さまの期待リターンを目指すには、比較的リスクの高い債券も組み入れる必要があることをご提案する。

❷ マイナスになった場合の具体的な数字をご提示し、お客さまの許容範囲をお伺いする。

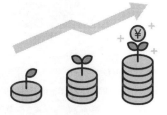

Case 4 **40代の独身の男性**

　それほど多額ではありませんが、親から相続した資金を保有しています。投資に興味があるので自分でも情報収集したりしていますし、不動産業者から都心部のワンルームマンションへの投資を勧められたりもしているようです。お話をお伺いしていると、金融資産にしても不動産にしても、運用のリスクを過小に見積もる傾向が見受けられます。

　最大の関心事は、相続した資産を目減りさせないということですが、一方で運用に対する関心も高いようです。ファイナンシャルゴールは、相続財産を目減りさせないことなので、インフレリスクを回避する程度の利回りで十分です。しかし、運用に対する強い希望もあるので、リスクを入念に説明したうえで株式をある程度組み込みつつも、リスクを抑えたポートフォリオの提案をするのはどうでしょうか。

　例えば、株式は20％と抑え、債券60％、オルタナティブ10％、現金・預金10％の適度に分散されたポートフォリオで、3％程度のリターンを期待しつつ、リスクは5％～7％程度に抑えた提案をしてみましょう。

　リスクを説明する際には、割合だけでなく必ず金額を提示し、できるだけお客さまがリアルに含み損をイメージできるようにお伝えしましょう。実際の損失発生時にトラブルが起きないようにしておくことが肝要です。

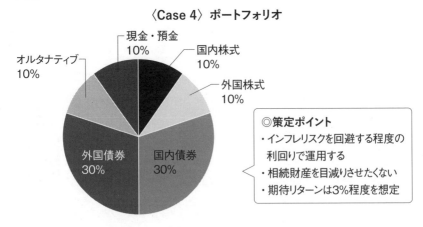

〈Case 4〉ポートフォリオ

現金・預金 10%
国内株式 10%
外国株式 10%
オルタナティブ 10%
外国債券 30%
国内債券 30%

◎策定ポイント
・インフレリスクを回避する程度の
　利回りで運用する
・相続財産を目減りさせたくない
・期待リターンは3%程度を想定

お客さま：友人からも株式投資を勧められたので、興味が湧いてきまして。もちろん、値下がりすることもあるとは思いますけど、株式を中心に分散投資するのはどうなんでしょうか。

行 職 員：それも選択肢の１つですが、❶ご相続した金融資産を目減りさせないことが目的なのでしたら、そこまでリスクを取る必要はないかもしれません。例えば、過去の運用実績をもとに計算してみますと、期待リターンが５％～６％程度のポートフォリオであれば、リスクも年率10％～12％程度になります。仮に－12％なら１年で300万円が264万円になり、場合によってはもっと減ることもあるわけです。

お客さま：それは現実的にはちょっと厳しいですね。

行 職 員：例えば、❷期待リターンが３％程度で、リスクは５％～７％程度だとしたらどうでしょう。仮に－7％でも300万円が279万円です。

お客さま：たしかにちょっと違いますね。

行 職 員：それなら株式は組み込みつつも、リスクを抑えたポートフォリオになりますのでよいのではないでしょうか。

Point

❶ お客さまが投資に興味を持ったとしても、投資の目的からぶれないようにアドバイスする。

❷ お客さまにご提案した内容が難しい場合、リスクの低い代替案をご提示する。

4 新NISAアフターフォローの

1. 長期的な取引継続には適切なアフターフォローが重要!

　NISAに限らず、お客さまに長期的な取引を継続していただくためには、適切なアフターフォローが欠かせません。それどころか、アフターフォローこそが、他行庫の担当者との大きな差別化ポイントだといっても過言ではないでしょう。アフターフォローが的確にできていれば、お客さまは喜んで取引を継続してくださるはずです。

(1) アフターフォローの3つのタイミング

　適切なアフターフォローは、次の3つのタイミングを意識して行うのがベターでしょう。

　1つ目は、取引直後に各種報告書が届くタイミングです。どのような書類で、どのような内容が書いてあるのかを補足説明できれば、お客さまにより安心していただけるのではないでしょうか。

　2つ目は、定期的なタイミングで行うフォローです。1か月に1回や2か月に1回、四半期に1回など、過不足のない頻度で会いに行くのがよいでしょう。そうすることで、はじめのうちはあまり興味がなかった対象でも、何度も見聞きするうちに次第によい感情を抱くようになる効果が得られます(「ザイオンス効果」といいます)。だからこそ、お客さまには定期的に手紙を送る、電話をする、会いに行く、などのアフターフォローが取引継続のためには非常に有効なのです。

　3つ目は、マーケットが大きく動いたときや、運用方針を変更すべきとき、税制改正などの制度が変わるときなど、お客さまに伝えるべき重要な事柄が発生したタイミングです。とくに、マーケット変動で基準価額が大きく下がったときは、お客さまも不安になっている可能性が高い

ため、できるだけ早く連絡をすることが重要となります。

　その際は、基準価額が大きく下がった要因として考えられることをお伝えし、今の運用方針を変える必要性があるのかないのかを検討します。新NISAで積立投資を実践しているお客さまでしたら、基本的に運用方針の変更は不要でしょう。

◎アフターフォローの３つのタイミング

- ☑ お客さまに各種報告書が届くとき
- ☑ １〜２か月や四半期に一度など定期的な連絡のとき
- ☑ 運用に影響を及ぼす事案が発生したとき

---

(2)　旧NISAご利用のお客さまへのアフターフォロー

　旧NISAを利用しているお客さまに対しては、非課税期間の満了が近づいてきたら、事前に連絡することが重要となります。

　そのまま保有し続けて課税口座に移すのか、非課税期間内に一旦売却して新NISAの非課税枠で買い直すのかなど、それぞれのメリット・デメリットを説明したうえで、お客さまに今後の判断をしていただく必要があります。

　フォローのタイミングとしては、非課税期間満了の直前ではなく、なるべく早めに余裕をもって連絡をしておいたほうがよいでしょう。

2. タイミング別＝新NISAでの運用に関するアフターフォロー

(1) 購入後（約定1週間後）、取引報告書が届いたとき

・取引報告書とは

　取引報告書とは、株式や投資信託の購入（買付）や解約（売却）などの取引の成立後（＝約定後）、数日程度でお客さまに郵送または電子交付される書類です。

　株式や投資信託などの投資経験が豊富なお客さまであれば、取引報告書の記載内容についてほぼご理解いただけるのではないかと思われます。しかし、投資経験の浅いお客さまの場合は、取引報告書の記載内容も理解しづらい部分が多いかもしれません。

　とくにそのようなお客さまの場合は、取引報告書が届いた段階で的確なアフターフォローをしておくと、信頼関係をより深めることができるでしょう。

・具体的な数字に例に挙げ、取引報告書の説明をする

　次頁のサンプルのように、基準価額が1万口あたり10,500円だったとします。購入時手数料が2.2％（税込）で、受渡金額がちょうど50万円になるように買い付けたとすると、

約定金額489,238円＋手数料9,784円＋消費税978円＝買付金額500,000円

となり、この約定金額から買付口数を逆算すると、465,941口（≒489,238円÷10,500円×10,000）となります。

　投資経験の浅いお客さまの場合、これらの数値の意味がわかりにくいと思いますので、どのように計算されているのかを説明するとよいでしょう。

●取引報告書のイメージ

買付時

取引報告書　●●●●証券

営業時間：8:30～17:00（土日祝・年末年始を除く）
フリーダイヤル：0120-00-0000
携帯電話からは：03-0000-0000（通話料有料）

取引店	口座番号	●● ●●様
001	123456789	作成日●●年●月●日

約定日	受渡日
○○○○年○月○日	○○○○年○月○日

No.1	銘柄名称	口座区分	数量（口）	1万口あたりの単価（円）	課税対象金額（円）	所得税（円）	手数料（円）
1	●●●外国株式ファンド	NISA	465,941	10,500			9,784
		売買区分	うちマル優分（口）	約定金額（円）	元本または個別元本（円）	住民税（円）	消費税（円）
		買付		489,238			978

受渡金額
500,000

売却時

取引報告書　●●●●証券

営業時間：8:30～17:00（土日祝・年末年始を除く）
フリーダイヤル：0120-00-0000
携帯電話からは：03-0000-0000（通話料有料）

取引店	口座番号	●● ●●様
001	123456789	作成日●●年●月●日

約定日	受渡日
○○○○年○月○日	○○○○年○月○日

No.1	銘柄名称	口座区分	数量（口）	1万口あたりの単価（円）	課税対象金額（円）	所得税（円）	手数料（円）
1	●●●外国株式ファンド	NISA	400,000	15,000			
		売買区分	うちマル優分（口）	約定金額（円）	元本または個別元本（円）	住民税（円）	消費税（円）
		売却		600,000	10,000		

受渡金額
600,000

(2) 取引残高報告書が届いたとき

・取引残高報告書とは

　取引残高報告書とは、お客さまの取引と預かり残高の明細のことです。取引があった場合は、原則３か月に１度の頻度でお客さまに郵送または電子交付されます。取引がない場合でも預かり残高があれば、１年に１回以上の頻度で郵送または電子交付されるようになっています。

　金融機関によってフォーマットは異なる場合がありますが、基準日（３・６・９・12月末など）時点の預かり残高として、お客さまがどんな資産や商品をどの程度保有されているのか、その明細が記載されています。

・記載内容の不明点がないようにフォロー

　投資経験のない、または浅いお客さまにとっては、取引残高報告書に記載されている内容がわかりづらい可能性もあります。定期的に送付されるタイミングで、訪問や電話をし、内容の不明点がないかを確認するとよいでしょう。

　とくに、口数などの数量、単価などの取得費、基準価額などの時価、評価額、評価損益、トータルリターンなど、さまざまな数字が記載されているため、慣れないお客さまには非常に難しく感じられる部分かと思われます。一つひとつ丁寧にわかりやすく解説することが重要でしょう。

　取引残高報告書が送付されるタイミングは、お客さまへの定期的なアフターフォローにもつながり、信頼関係をより深める効果も期待できますので、有効に利用しましょう。

●取引残高報告書のイメージ

取引残高報告書	基準日：〇〇〇〇年〇月〇日	●●●●証券

営業時間：8:30〜17:00（土日祝・年末年始を除く）
フリーダイヤル：0120-00-0000
携帯電話からは：03-0000-0000（通話料有料）

●●●●様

作成日	取引店	お客様の口座番号	扱い者
〇〇〇〇年〇月〇日	001	123456789	00100

お預かり残高

サマリー
【基準日：〇〇〇〇年〇月〇日現在】お預り残高は基準日において受渡日が到来している残高を記載しています。

金銭等　評価金額（円）　116,616

商品等	一般		特定		NISA	
	数量	評価金額	数量	評価金額	数量	評価金額
国内株式					200（株）	474,500（円）
国内投信					832,154（口）	1,922,783（円）
国内債券						
外国株式			7（株）	20,308（円）	66（株）	330,046（円）
外国債券						
外国籍投資						
合計	0（円）		20,308（円）		2,727,329（円）	

有価証券等　評価金額合計（円）　2,747,637

お預かり一覧

評価金額合計（円）　2,747,637

商品等	口座	銘柄名［銘柄コード］	数量	評価単価	評価金額	備考
金銭等	―	お預り金		0円	0円	80.12 USD
金銭等	―	お預り金　US ドル	80.12 USD		11,616円	144.99円/USD
国内投信	NISA	〇〇〇〇米国株　再投資コース	12,981口	1万口あたり 78,875円	102,387円	決算日 05/17
国内投信	NISA	〇〇　全米株 IDX　再投資コース	78,243口	1万口あたり 23,168円	181,273円	決算日 07/15
国内投信	NISA	〇〇〇日経225IDX 再投資コース	54,413口	1万口あたり 22,158円	120,568円	決算日 09/19
国内投信	NISA	〇〇米株〇〇500　再投資コース	561,461口	1万口あたり 22,664円	1,272,495円	決算日 04/25

金銭及び有価証券の推移

受渡年月日 / 約定年月日	通貨名	取引	摘要・銘柄名	数量	単価	お預り金の減少 / お預り金の増加	お預り金残高
繰越残高	円						0
出金	円	出金	振込出金（普通）	80.12 USD		46,163	45,311
〇〇〇〇/〇/〇〇 / 〇〇〇〇/〇/〇〇	円	NISA 買付	〇〇米株〇〇500 再投資コース	10,964口	18,242	20,000	50,000

⑶ 交付運用報告書が届いたとき

・2種類の運用報告書

　運用報告書は、投資信託の決算ごと（毎月決算型など、決算の頻度が6か月未満のものは6か月ごと）に作成・交付されるものです。運用報告書には、「交付運用報告書」と「運用報告書（全体版)」の2種類があります。

　交付運用報告書は、投資信託の受益者（お客さま）に必ず交付されるもので、運用報告書に記載すべき内容のうち重要な項目が記載されています。基準価額などの推移、期間中の投資環境や運用の経過、今後の運用方針などがわかりやすく説明されています。

　一方、運用報告書（全体版）も、作成のつど受益者へ交付されるものです。ただし、投資信託約款において電子交付する旨を定めている場合には、その内容を運用会社のWebサイトに掲載することで交付したものとみなされるようになっています。

・交付運用報告書における注目ポイント

　交付運用報告書を利用してお客さまのアフターフォローをする際は、基準価額の動き以上に、純資産総額が急減していないかどうかを確認しましょう。なぜなら、万一急減していた場合は、その理由によっては解約を検討したほうがよいかもしれないからです。

　そういった意味でも、当該ファンドの運用の経過や今後の運用方針についても、しっかりと読み込んだうえで、お客さまにわかりやすく説明することが重要です。

　なお、ファンドの組入銘柄の詳細を知りたい場合は、運用報告書（全体版）に記載されています。

●交付運用報告書のイメージ

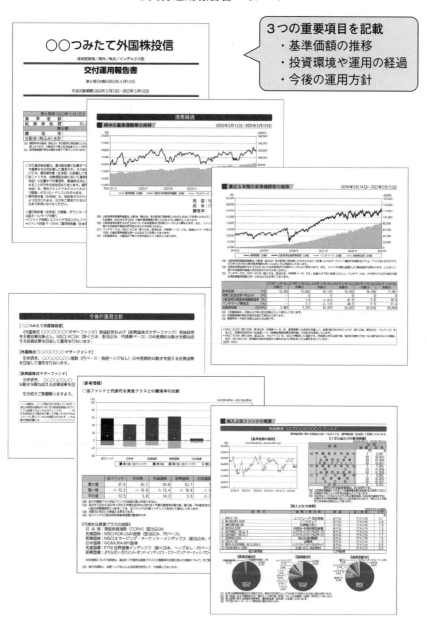

3つの重要項目を記載
・基準価額の推移
・投資環境や運用の経過
・今後の運用方針

⑷ （旧NISA非課税期間終了後に特定口座に移管している場合）特定口座年間取引報告書が届いたとき

・特定口座とは

　特定口座とは、1金融機関につき1口座（課税口座）のみ開設でき、納税や申告の方法にそれぞれ2つの選択肢があります。

　1つ目が「源泉あり」（源泉徴収口座）で、金融機関が取引のつど税金の計算をし、納税まで完了するものです。利用者は、確定申告をしなくても済むようになっています。

　2つ目が「源泉なし」（簡易申告口座）で、金融機関が税金の計算まではしてくれますが、確定申告と納税は自分でしなければなりません。ただ、「特定口座年間取引報告書」を金融機関が作成するため、簡易な申告で済むようになっています。

・特定口座年間取引報告書とは

　特定口座年間取引報告書は、「源泉あり」の特定口座でも作られており、1年間（1月〜12月）の取引のトータルの損益、源泉徴収された税額などが記載され、年明けの1月〜2月の間にお客さまに送付されます。

・旧NISAから移管されたお客さまへのフォロー

　旧NISAの非課税期間（5年または20年）が経過し、課税口座に移管される際には、一般口座（税額の計算から申告納税まですべて自分で行う必要がある）ではなく、特定口座（源泉徴収あり）に移管することを提案するのが無難です。

　また、特定口座内で保有資産を売却した場合は、その損益や税額が特定口座年間取引報告書に記載されます。お客さまへのアフターフォローとしては、記載内容に不明点がないかどうかを確認し、わかりやすく説明することが重要でしょう。

●特定口座年間取引報告書のイメージ

> ・年間取引のトータルの損益
> ・源泉徴収された税額が記載されている

令和〇年分 特定口座年間取引報告書（投資家交付用）

作成日	取扱店	部店	お客様コード
2000年1月1日	本店	001	123456789

◆特定口座開設者

住所（居所）	○○県○○市○○○○丁目○○番地○○○○○○○マンション○○○号室		
前回提出時の住所又は居所			
フリガナ	○○○○　○○○	勘定の種類	① 保管　2. 信用 ① 配当等
氏名	○○ ○○	口座開設年月日	2000年○月○日
生年月日	○○○○年○月○日　個人番号	源泉徴収の選択	① 有　2. 無

◆譲渡に係る年間取引損益および源泉徴収税額

源泉徴収税額(所得税)	株式等譲渡所得割額(住民税)	外国所得税額
15,315 円	5,000 円	0円

譲渡区分	ⓐ譲渡の対価の額(収入金額)	ⓑ取得費および譲渡に要した費用の額等	ⓒ差引金額(譲渡所得等の金額)(ⓐ-ⓑ)
上場分	500,000円	400,000円	100,000円
特定信用分	0円	0円	0円
合計	500,000円	400,000円	100,000円

(記載上の留意事項)
「配当等の額および源泉徴収税額等」及び「配当等の交付状況」の「上場株式配当等控除額」欄に通知所得税相当額を内書しております。

◆配当等の額および源泉徴収税額等

種類	配当等の額	源泉徴収税額(所得税)	配当割額(住民税)	特別分配金の額	上場株式配当等控除額	外国所得税の額
①株式、出資又は基金	0円	0円	0円		0円 (内0円)	
②特定株式投資信託	0円	0円	0円		0円 (内0円)	
③投資信託又は特定受益証券発行信託(④、⑦および⑧以外)	0円	0円	0円		0円 (内0円)	
④オープン型証券投資信託	4,000円	612円	200円	0円	0円 (内0円)	
⑤国外株式又は国外投資信託等	0円	0円	0円		0円	0円
⑥合計(①+②+③+④+⑤)	4,000円	612円	200円	0円	0円 (内0円)	0円
⑨公社債	0円	0円	0円			
⑩社債的受益権	0円	0円	0円		0円 (内0円)	
⑪投資信託又は特定受益証券発行信託(⑫および⑬以外)	0円	0円	0円		0円 (内0円)	
⑫オープン型証券投資信託	0円	0円	0円	0円	0円 (内0円)	
⑬国外公社債等又は国外投資信託等	0円	0円	0円		0円	0円
⑭合計(⑨+⑩+⑪+⑫+⑬)	0円	0円	0円		0円 (内0円)	0円
⑮譲渡損失の金額	0円			(摘要)		
⑯差引金額(⑥+⑭-⑮)	0円			証券業者コード 000		
⑰納付税額		612円	200円	営業店コード 000		
⑱還付税額(⑥+⑭-⑰)		0円	0円	調整税額(所得税) 0円 調整税額(住民税) 0円		

金融商品取引業者等	所在地	○○県○○市○○○○丁目○○番地○○
	名称	○○証券株式会社 (電話) 0120-00-0000　法人番号 0000000000000000

0002/0003　　　　　　　　　　　　　　　　＜次ページへ続く＞

配当交付状況	●●●●証券

(摘要)
異常なし

3. 基準価額が大きく動いたときのフォローと相談対応・提案

(1) 認識すべき経済の大きな方向感

　担当者が常に認識していなくてはならないのが、経済の大きな方向感です。なぜなら、経済の大きな動きが市場に影響を与え、市場の動きがポートフォリオに影響を与えるからです。ポートフォリオ全体への影響を見つつ、資産クラス別の個別商品を見直す流れになります。

　まずは、経済全体が拡大あるいは強気で加熱しているのか、それとも弱気で減速しているのかを理解しましょう。経済に関連するニュースなどを俯瞰することで、全体のイメージをつかみます。さらにその速度は速いのか遅いのか、中央銀行の政策金利は上昇過程にあるのか、下落過程にあるのか、横ばいなのかを確認しましょう。これによって、各国の中央銀行が景気をどう見ているのかがわかります。

　おさえておくべきことは、各指標の水準感ではなく指標の方向感です。例えば、GDPの成長率が前年同期比で「3％」といった時に、この数字が妥当なのかは判断がつきません。重要なのは数字そのものではなく、現時点から上がる（加速する）のか、下がる（減速する）のかの変化なのです。2％から3％になったのであれば拡大傾向ですし、4％から3％になったのであれば減速傾向です。

　3％から4％に推移し「拡大傾向にある」と考えられる時に、労働市場も失業率が縮小傾向にあれば、その確実性は高まります。

(2) 市場の値動きと水準感をイメージする

　次に確認するべきことは市場への影響です。株式市場、債券市場、金利市場、為替市場、エマージング市場、コモディティ市場など、主だった市場の値動きと水準について確認していきます。

現状のマーケットは、どの方向に動いているのか、中長期的、短期的にどうなのかを、数字的な側面とアナリストやエコノミストのリサーチレポートを読み込み、自分なりのイメージを持ちましょう。

　市場の動きに関しては、方向感だけでなく水準感もおろそかにすることはできません。ドル円の為替水準が140円の時にお客さまが円からドルを購入していた場合、現在のドル円が130円であれば、140円からの130円でも、120円からの130円でも、お客さまが10円分の為替差損を被っていることに変わりはないからです。

　市場の方向感と水準感がイメージできたら、次に考えるべきなのは、これまでお客さまと共有していた中長期的な相場感に大きな変化があるのかないのかです。その変化によっては、投資戦略を見直さなくてはならない可能性もあります。

　実際には、市場の変動が理由で中長期的なポートフォリオの方針そのものを見直すのは、よほど大きな変化があった時です。通常、市場の大きな変化といっても、その多くは5年、10年の経済サイクルの一環と捉えられます。

⑶　ポートフォリオ見直しのタイミング

　ポートフォリオの投資方針そのものを見直す必要に迫られる一番大きな理由は、お客さま自身の方針の変更です。

　きっかけは市場環境の変化かもしれません。しかし、それによってお客さまの心境に変化があった場合は、短期的にも長期的にも運用の見直しが必要となり、その結果、ポートフォリオも見直すことになります。

　運用方針に変更がなく、ポートフォリオも現状維持だった場合でも、市場の変化によって組み込まれている投資信託の時価総額が大きく増えたり減ったりした場合は、買い増しや売却といったリバランスを行う必要性が出てきます。

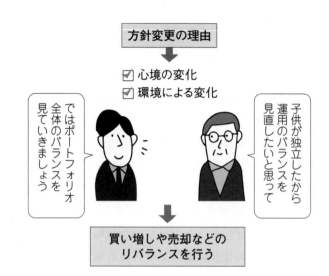

方針変更の理由

☑ 心境の変化
☑ 環境による変化

ではポートフォリオ全体のバランスを見ていきましょう

子供が独立したから運用のバランスを見直したいと思って

買い増しや売却などの
リバランスを行う

ア．成長投資枠で保有する商品の基準価額が大幅に上がったとき

　ポートフォリオ全体の状況を説明したうえで、成長投資枠で保有している投資信託の基準価額の上昇を伝えます。そのうえで、ポートフォリオのどの部分を成長投資枠が占めているかを再確認しておきましょう。含み益とはいっても、資産が増加して嬉しくないお客さまはいないので、まずはその気持ちに共感することで、その後のミーティングの潤滑油にしましょう。

　今後の見通しに関しては、中長期的な見通しに変更があったかどうかを共有する必要があります。なぜなら、その共有事項がポートフォリオを策定した時点の投資方針に変更を加えるかどうかの大きな判断材料となるからです。

　さらに、リサーチのレポートをベースとしたディスカッションが必要です。市場の見通しから入り、投資信託固有の見通し、お客さまの投資方針等に関してそれぞれ順番に確認していきます。

　例えば、現時点では基準価額が大幅に上昇していても、ここから先が中長期的にはネガティブなのであれば、基準価額が上昇している現状の

うちに、ポートフォリオの変更や投資信託の売却を考える必要性が出て
くるかもしれません。

◎アフターフォロー
・資産増加をお客さまと共に喜ぶ
・中長期的な見通しの変更の有無を共有する
・リサーチレポートをもとにした話し合いをする

イ．成長投資枠で保有する商品の基準価額が大幅に下がったとき

　ポートフォリオの状況を丁寧に説明したうえで、成長投資枠で保有し
ている投資信託の基準価額の大幅な下落を伝えます。そのうえで、当該
投資信託がポートフォリオのどの部分を占めているかを再確認しておき
ましょう。

　資産価値が目減りしている時は、お客さまの気持ちも萎えがちですし、
リカバリーのために過度なリスクを取りがちです。まずは、その気持ち
に寄り添うところからスタートしてください。

　基準価額が下落した場合も、今後の見通しに関しては、中長期的な見
通しが変わったのかどうかを共有する必要があります。

　下落の速度にもよりますが、資産が目減りしている最中は悲観的な見
方になりがちです。気持ちに寄り添うことは大切ですが、感情で判断し
ていないかよくよく注意してください。

　直近の市場の客観データと、リサーチのレポートによる情報の共有を
するとともに、お客さま自身が冷静に判断できるようになったタイミン

グで、お客さまの投資方針等に関しても確認していきます。

　見通しが大きく変化した場合は損切りでの売却や、逆に今後相場の反転が見込めるのであれば買い増しなどの提案をしていきます。

　損失が膨らんだり、下落が進んだりする場合、お客さまの多くは、恐怖に負けてしまい売却したい衝動にかられがちです。一方で、金融機関は、一喜一憂せずに長い目で見るようアドバイスします。ただし、お客さまが売却する判断をした場合は、「売り止め」（＝解約の引き止め）とならないように注意しましょう。

基準価額が大幅に下がった……

◎アフターフォロー
・資産の目減りで萎えているお客さまの気持ちに寄り添う
・中長期的な見通しの変更の有無を共有する
・リサーチレポートを共有し投資方針を確認する

ウ. つみたて投資枠で購入し続けている商品の基準価額が上昇傾向のとき

　つみたて投資枠の場合も、ポートフォリオ全体の状況を説明したうえで、保有している投資信託の基準価額の上昇を伝えるという順序は同じです。

　一番重要なポイントは、今後も変わらず、中長期的な見通しに変更があったかどうかを共有することです。こちらもアの例と同様、ポートフォリオを策定した時点の投資方針に変更を加えるかどうかの大きな判断材料となります。

世の中の仕組みが変わり、今後の長期的な見通しがまったく見込めないのであれば、投資方針から見直して基準価額が高いうちに売却するという選択肢もあるでしょう。

　それ以外にも、現在保有しているアセットに対する影響だけでなく、この先も同じアセットに投資し続けるのかどうかという観点でのチェックも必要です。ドルコスト平均法が効いているので、基準価額が上昇しているときは購入口数が減ります。しかし、最終的には購入の平均コストを下げる効果が見込めるため、高値圏にあったとしても買い進めるという点を踏まえて対応を検討します。

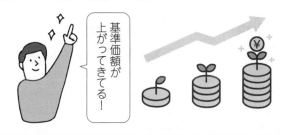

◎アフターフォロー
・ポートフォリオ全体の状況を伝える
・中長期的な見通しの変更の有無を共有する
・高値圏であっても同じアセットに投資し続けるか確認する

エ. つみたて投資枠で購入し続けている商品の基準価額が下降傾向のとき

　積立てですので、なにもしなければ今後も買い進めていくことになります。ただし、お客さまも、基準価額が下落している商品を追加で購入することには少なからず不安を抱いています。今後一切の回復なく下落し続けていく資産になる可能性が高いのであれば、なにもそのまま買い進めて傷口を広げる必要はありません。

　しかし、短期中期的に下落しているものの、長期的にはリターンが期待できる資産であれば、むしろ現在の下落相場は「バーゲンセール」と

捉えることができます。つまり、ドルコスト平均法が効いているので、毎月の投資額は変わらなくても、毎月購入している口数は着実に増えています。投資信託の平均購入単価が下がっている時こそ、口数が多く購入できるチャンスとポジティブに受け止められるのではないでしょうか。

　当初の見通しに大きな変更がないのであれば、資産クラスの市場環境と当該投資信託の状況を共有し、ドルコスト平均法も効いて購入にはむしろよい環境であることをお伝えしましょう。

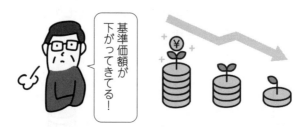

基準価額が下がってきてる！

◎アフターフォロー
・ポートフォリオ全体の状況を伝える
・中長期的な見通しの変更の有無を共有する
・ドルコスト平均法により、購入するのによい環境であることを伝える

〈執筆者紹介〉（五十音順）

上村 武雄（かみむら・たけお）

ノット・アドバイザーズ代表

メガバンクで法人および個人取引を中心に金融取引の経験を積み、その後米系のプライベートバンクで、超富裕層の資産運用および提案業務に従事、100億円以上の資産管理を任される。ポートフォリオ提案を得意とするが、デリバティブを活用した資産保全も行う。近年は資産運用や資産承継・事業承継の経験を活かし、プライベートバンカーのチームマネージャーとして、5000億円以上の資産管理を行う。
現在は、金融アドバイザーとして活動中。

桑田 恵美子（くわた・えみこ）

株式会社孝翠　主任コンサルタント

銀行勤務時の研修講師や臨店指導の経験を生かし、現場の事例を交えた受講生のニーズに寄り添った研修を行う。研修前日には競合他行等の臨店を行う等、手間を惜しまぬ準備がモットー。主な講義内容は、ビジネスマナー、CS向上、コミュニケーション、業務知識（預金・為替等）、窓口担当者、電話応対、リーダー養成等の研修、モニター調査、臨店調査。現在は、雑誌・通信教育教材の執筆等でも活動中。

塩川 和彦（しおかわ・かずひこ）

地方銀行で預かり資産営業の企画に長年従事、営業推進の企画業務を通して、全国の地方銀行と幅広い人脈を持つ。その後、金融制度対応を行う企画業務を担当し、税制改正時は自行のルール策定に携わる。現在は、自行とグループ証券子会社との橋渡しを担い、金融商品仲介業務の仕組みを確立させるとともに、ファイナルグループの預かり資産営業の推進企画を行う。また、預かり資産関連のシステム更改時や新システム導入時、地銀が共同参画するシステム検討の場でも活動中。

白浜 仁子（しらはま・ともこ）

ｆｐフェアリンク株式会社　代表取締役

CFP®認定者

1990年福岡銀行に就職し、主に窓口業務に従事。結婚、出産を経て2008年より内山FP総合事務所株式会社にて独立系FPの業務を経験する。2016年に独立系FP事務所FAIR LINKを設立し、その後、法人化して現職。家計、資産運用、住宅購入、生命保険などライフプラン全般について女性ならではの視点でコンサルティングを行うのが特徴。また、障害を持つ子の親亡き後問題やおひとりさまの終活サポートにも尽力する。講演や執筆も多数あり。

菱田 雅生（ひしだ・まさお）
1993年、早稲田大学法学部卒業後、山一証券に入社し営業業務に携わる。山一証券自主廃業後、金融商品や保険商品は一切売らない独立系FPに。以後約25年にわたり、講演や執筆を中心に活動。講演回数4,500回超、原稿執筆3,000本超。2020年にYouTube「正直FPヒッシー先生の『お金の増やし方』チャンネル」をスタート。主な著書に『日経マネーと正直FPが考え抜いた！迷わない新NISA投資術』（日経BP）などがある。

藤原 久敏（ふじわら・ひさとし）
藤原FP事務所・藤原アセットプランニング合同会社代表
CFP®認定者、1級ファイナンシャル・プランニング技能士
大阪市立大学（現：大阪公立大学）文学部哲学科卒業後、尼崎信用金庫を経て、2001年にFPとして独立。2007年より大阪経済法科大学経済学部非常勤講師を勤める。現在は、資産運用に関する相談・執筆・講演を中心に活動中。主な著書に『攻めのほったらかし投資術』『超得ふるさと納税』（いずれも彩図社）など30冊を超える。

目黒 政明（めぐろ・まさあき）
株式会社生活設計塾クルー　代表取締役
CFP®認定者、1級ファイナンシャル・プランニング技能士
1983年、慶應義塾大学法学部卒業後、大和証券、独立系FP会社等を経て、2002年、生活設計塾クルー取締役に就任（2010年より代表取締役）。現在は、金融商品取引法上の投資助言業者として有料の運用相談、マネーセミナーの講師などを務めている。他に、金融機関向け通信講座のテキスト執筆、確定拠出年金の継続教育の講師なども多数手がけている。著書に『実践的「投資信託」入門』（ダイヤモンド社）などがある。

新NISA提案＆資産運用サポートガイド

2023 年 11 月 20 日　第 1 刷発行	編　者　　経 済 法 令 研 究 会
	発 行 者　　志　茂　満　仁
	発 行 所　　㈱経 済 法 令 研 究 会

〒162-8421　東京都新宿区市谷本村町 3-21
電話 代表 03(3267)4811　制作 03(3267)4823
https://www.khk.co.jp/

営業所／東京 03(3267)4812　大阪 06(6261)2911　名古屋 052(332)3511　福岡 092(411)0805

表紙デザイン・DTP ／成田琴美(ERG)
制作／櫻井寿子　印刷／日本ハイコム㈱　製本／㈱ブックアート

© Keizai-hourei kenkyukai 2023　Printed in Japan　　　　ISBN978-4-7668-2501-5